HR精英必备的心理学常识

高晓红◎著

中国铁道出版社有限公司
CHINA RAILWAY PUBLISHING HOUSE CO., LTD.

图书在版编目（CIP）数据

HR 精英必备的心理学常识 / 高晓红著 .—北京：中国铁道出版社有限公司，2021.5

ISBN 978-7-113-27508-2

Ⅰ . ① H… Ⅱ . ①高… Ⅲ . ①人力资源管理 - 管理心理学 Ⅳ . ① F241-05

中国版本图书馆 CIP 数据核字（2021）第 031072 号

书　　名： **HR 精英必备的心理学常识**
HR JINGYING BIBEI DE XINLIXUE CHANGSHI
作　　者： 高晓红

策划编辑： 王　佩　　**编辑部电话：**（010）51873022　　**邮箱：** wangpei0319@163.com
责任编辑： 王淑艳
封面设计： 末末美书
责任校对： 王　杰
责任印制： 赵星辰

出版发行： 中国铁道出版社有限公司（100054，北京市西城区右安门西街 8 号）
印　　刷： 三河市兴达印务有限公司
版　　次： 2021 年 5 月第 1 版　2021 年 5 月第 1 次印刷
开　　本： 700 mm×1 000 mm　1/16　**印张：** 12.75　**字数：** 190 千
书　　号： ISBN 978-7-113-27508-2
定　　价： 69.80 元

序言

本书从心理学和人力资源管理的两个维度，系统解读心理学知识在人力资源实战中的应用，以帮助更多的HR了解心理学常识和人力资源管理知识。

企业经营管理对人力资源管理从业者的要求越来越高：一方面是岗位分工对专业技能的要求不断提升，公司在用人、选人时的竞争加剧；另一方面是人际关系的复杂性和不确定性，需要我们投入大量的时间和成本去沟通。常看到身边的同事或朋友，闷头干活没有问题，但是不愿意与人打交道，认为自己不擅长沟通，就干脆逃避；而也见过另一类人，具有很好的人际关系、受到他人的欢迎，在沟通与协调上得心应手，也总是能利用沟通的优势，帮助自己达到预期的工作目标。相对而言，专业技能可以依靠自己单方面的努力实现；而处理人际关系则取决于双方的态度，彼此通过行为和语言表达，判断对方的心理活动，从而判断对方的目的。可以说，人际交往本身就极具挑战性。

在我国古代，兵法中也阐释过对心理学的应用。如《三国志》中有句话：

“用兵之道，攻心为上，攻城为下；心战为上，兵战为下。”武力只能暂时解决问题，攻城换来的将是“身在曹营心在汉”结局。若是想要让对手永远心服、口服，那么首先要与员工交流，通过做思想工作解决问题。

从生物学的角度来说，人作为群居动物，生存和发展都离不开彼此；人又是复杂的生物体，决定了每个人的差异性；人不但有自己的个性化，还具有其社会属性；我们很难用单一的维度去认识一个人。我们能够看到的是人外在显性的表现，比如高兴、悲伤等；而我们看不到的是人的内心活动，这部分是隐性的、潜在的意识，而对内心的洞察则是了解一个人的关键。

本书将重点定位在人力资源管理实战中的看人、识人的原理、技巧、方法，对其进行详细介绍，并以情景案例的形式，从员工的行为表现、情绪、情感、团队合作等方面进行分析，让读者更容易理解和掌握相关的心理学知识。全书紧紧围绕人力资源管理实战，将心理学知识进行提炼和分析，以通俗易懂的文字方式表达出来，方便读者理解和体会。

高晓红
2020 年 12 月

目录

第1章

入行处事风格初练成

1.1 转行 HR：人生能有几回搏

“木桶效应”中盛多少水取决于木桶上最短的那块木板，而不是最长的那块。费尽周折补齐自身的短板与集中精力发挥优势相比，后者有事半功倍之效。世界著名心理学家克利夫顿曾说：判断一个人是不是成功，最主要的是看他是否最大限度地发挥了自己的优势。在心理学的定义上，认知过程是一种信息加工的过程，自我认知是一种心理过程。通过接受外界的信息，经过大脑的加工，转换成心理活动，进而支配我们的行为。

毕业之后，在国有企业干了几年财务工作后，我认识到与数字打交道是我的短板，认为自己可能在与人打交道方面更擅长。我小时候喜欢口头表达，小学时还经常给院子里的小朋友讲故事，长大了变得爱唠叨：美食分享、学习心得、工作经验……。时间久了，有了一个“话唠”的“美称”，更重要的是，我也意识到了我更喜欢表达自己的想法与他人互动，这也成了我的兴趣点。当兴趣与工作内容相冲突的时候，我纠结、犹豫了好久，最终决定转行。

那时 HR 刚兴起，设置该岗位的公司并不多。通过朋友介绍，了解到该岗位的工作内容主要集中在招聘、工资、人事档案等方面，现在看来，当时的 HR 的岗位要求还属于比较基础的范畴。我也从网络上、图书中查找和学习了人力资源六大模块相关知识，越深入了解这个岗位越觉得有意思，从专业上看有六大模块支撑公司的发展，又有人与人沟通贯穿所有部门。从职业规划角度看，个人发展也是可以从助理一直晋升到经理，可以准确地说是一个会随着经历的增长，而升值的一个职业。

我开始在网上关注上相关HR的岗位，考虑到我已有几年扎实的财务基础，再加上学了半年的人力资源知识，一开始将职位目标定得比较高，希望有机会担任HR主管职位。实际上，我当时的想法是不切实际的。幸运的是，在漫长的等待中我迎来了一丝希望。

“喂，您好，请问您是Celine吗？您投来简历应聘我们公司HR主管的工作岗位，想请您明天上午10点到公司面试，不知道您有没有时间？我们公司是……”在接到声音甜美的Yoyo小姐的电话通知后，我十分珍惜这次来之不易的“主管”的机会，在精心准备后如约而至。

初试我的是人事部的部门经理Rose，一位很温和的女士，初试还是比较顺利的，Rose问了一些我做过的财务工作情况及转行的原因，并没有问我HR方面的知识。入职以后，知道她推荐我进入复试的原因之一是我爱笑，说话有激情和感染力，话说这些经验可能是小时候讲故事获得的。我对把我引上HR从业路的Rose一直心存感激，实际上，我的到来对HR团队带来了一定的冲击。

复试我的是分管领导Lisa，一位不苟言笑的漂亮女领导，问及我没有过HR的工作经验如何能胜任的关键性问题，我的回复有三点：一是我在原单位参与过人力资源部分工作，比如面试财务人员、财务部门的岗位说明书编写、组织财务部人员学习（培训）公司下发的制度；二是我擅长沟通和协调，财务部门的外联工作都是由我完成；三是我有坚持不懈的学习精神，我一直利用业余时间在学习深入的财务管理知识，以及基础的人力资源专业知识。这是我精心准备过的答案，我对自己的认识还是清晰的。

Lisa没有停顿，继续盯着我的眼睛说：“我们在每个岗位都要进行绩效考核，考核结果不合格者将在年终的时候淘汰，你怎么考虑呢？”我说：“我有信心去胜任这份工作，并且会尽力而为，如果确实被淘汰了，我也接受”。

此时，我得抓住这难得的工作机会，毕竟向我抛出主管职位的橄榄枝并不多，对我而言，这可能是唯一的机会；但内心又充满了一丝恐惧感：我这不成一体的工作履历能否顺利找到新工作？我被淘汰后是否还能适合 HR 工作，我的人生从此会不会迷失方向？

比较幸运的是，第二天，我收到了录用通知，并将于约定时间入职。

我终于敲开了 HR 从业工作者的大门，冥冥之中我为成为一名优秀的 HR 而来……

每个人都应该在不同发展阶段审视自己的成长，利用“木桶原理”找出自己的强项并加以开发。在这段工作经历中，自我认知发挥了一定的作用，在日常工作中通过知觉、感觉、思维、记忆、想象等认知心理现象自我觉察，同时又结合自己的兴趣点最终转行成功。自我认知能塑造积极的人格特质，通过对自己现在的能力和潜力加以激发和强化，将现实能力或潜在能力变成一种习惯性的工作方式。

1.2 HR 小白：我不小心当了一回“鲶鱼”

鲶鱼型人才属于自我趋利型人才，自我实现是其根本动机。鲶鱼效应不是个人英雄主义，而是利用自身带着合作的特点激活团队的智慧。在团队组织当中，鲶鱼型或沙丁鱼型的人才与岗位性格匹配才能发挥最大优势。HR 部门要善于发现员工的偏好，工作中让员工产生鲶鱼的动力与激情。

我所在的人事部门一共有 5 个人，除了经理入职仅 1 年外，其他岗位人员入职最短也有 3 年了。我担任的主管职位是新增岗位，负责招聘、绩效和新员工入职培训，没有直接下属。考虑到我的部分工作内容需要跟现在的人员交接，所以部门经理 Rose 安排我在部门内轮岗，熟悉各岗位工作情况后再做交接，更有利于我了解工作。Lisa 安排 Rose 每天跟进我的轮岗情况，每天下班 Rose 向 Lisa 汇报我当天的工作情况。

利用中午吃饭的时间，我想和部门的同事聊聊家常，但前台 May 已给大家订好了午餐。中午大家在会议室里一起吃饭，我感到从上午开会开始，气氛有点怪异。下午上班时间还没有到，May 忽然说因家中急事要请假，Rose 直接安排我到前台替岗。May 跟我做了简单的交接并告诉我前台的工作量还是比较大的，其中一项重点和难点是接收传真并分发传真，每天差不多会收到几百张英文传真件，将这些传真件分发到不同的项目中，由于一些项目中的产品种类多，所以如果分配错了项目，很可能被当废纸扔掉，传真件里面会包括订单、询价单、合同等重要资料，所以来不得半点马虎。

入职第一天，陌生的工作、陌生的环境、陌生的人以及突如其来的安排。面对一堆专业的英文订单，心里还是有些没底气。上午收到的传真件已被 May 送到项目组了，中午新收到的几份传真件安安静静地躺在传真机上，我低头看着它们，它们似乎也在嘲笑我这个新手。瞬间，我的心情就不美丽了，最后屈服于坏情绪的魔爪。电话突然响了，项目组的经理 Norman 打来询问加急传真件的。我把收到的传真件给了匆匆赶到前台的 Norman，经理迅速地翻阅着传真件。我主动说明了 May 请假的情况，并告诉他我是第一天上班，请他告诉我哪类是他们项目组的传真件，今后收到的我会尽快送过去。Norman 没有吭声，拿着笔在传真件上写着什么，我想他估计是不满意我的工作，我又继续补充道："您教我这一次，我不会麻烦您再教第二次了"。Norman 将所有传真件递给我的时候说："没有我项目的传真件，但我把其他项目组的都标注了，你可以直接送了。"Norman 真是赠人玫瑰，手有余香啊，我当时对他感激之情无以言表，他又说道："你们部门要是都这么谦虚好学，也不至于每次 May 请假，传真只能我们自己拿了。"说完，笑笑走了。

根据 Norman 标注的传真件，我准确地将传真件送到了各组，并利用送传真件的功夫，我在项目组向各组秘书查阅了上周的传真件，记录了不同项目组的产品种类、发传真件公司的英文名、传真号等信息，我又抄下了不易识别的文件抬头，完成了一份目录对照大全。May 又续了 2 周的假，在这期间我没有出过一个差错，直到她重返岗位。

新人处在困难环境中时，独自面对极易可能出现自生自灭的状况。新人的心理会有个价值衡量“值”与“不值”，对于新人来说，没有受过训练的救火队员，即使扑灭了大火想必自身付出的成本也是很高的，所以管理者要为新人提供尽可能多的条件，帮助其解决问题。新人的主观能动性和适应性也因个体不同而不同，试问如果组织中困难重重，新人能适应的概率有多高？

在入职后的 2 周里，我记住了所有人员的分机号，同事的英文名，常来电的客户姓名与声音。每天早上我会尽可能早地到办公室，学习一些还没有弄懂的传真件单词，检查早上保洁打扫的区域卫生，查看下饮用水是否充足……对每一位上班的同事保持微笑。中午关闭公共区域的灯，跟大家聊几句家常。下班前跟同事告别，提醒大家打卡，关好已离开人员工位的窗户。

渐渐地，找我帮忙的人多了，从前台路过时也会主动跟我打招呼。同时我也听到了一些反馈人事部门的问题，Rose 对下属的管理较松散，部门的事通常是一问三不知，其他部门的同事抱怨多。May 的请假是有原由的，她是人事部入职最早的员工，希望有机会得到晋升，人事部很多岗位的工作她都做过，由于前台招不到合适的人又将她调了回来。原来的部门架构中 May 和大家都是平级，但我这个主管的出现打破了平静，让她离晋升的梦又远了一步，May 难免有些小情绪。烦琐的前台工作吓跑了之前好几任前台，May 以为我肯定无法胜任复杂的前台工作，通过一周的独立工作估计就离职了，但这次她遇到了需要抓住唯一转行机会的我，我需要变成一条鲶鱼来求生。

做一条鲶鱼并不可怕，有了鲶鱼的进入，沙丁鱼才能活跃起来。刚入职场的新人或是空降兵，处在环境、工作、同事都完全陌生的情境当中，他们应该怎么做？

当新人融入团队时，可能会遭遇嘲笑的眼光，也有冷漠的同事路人甲、路人乙或是无辜的“躺枪”，然而这些都是外部环境因素，最重要的是自我认知。如果你选择鲶鱼特性，那生存的方式就是运动起来，激发自己的能量，带动沙丁鱼特性的员工一起“奔跑”，并且保持方向一致（企业目标），这样才不至于被沙丁鱼挤到最后憋死。

1.3 边学边干：“菜鸟”的蘑菇期不是围栏

新入职一家公司，职场新员工希望快速适应陌生的环境，融入在职的员工关系圈，得到上级的认可和关注。老板希望新员工能实现其岗位价值，上级希望新员工展现能力，同事间希望新员工能好相处。多数职场新人可能会有这样的职场经历，刚开始会从事一些简单、重复、枯燥的工作，基本上不太会得到重视。同时职场新人对人际关系不敏感，沟通方式简单直接，在人际交往中自我保护的意识较弱，容易陷入“背锅”危机，从而代人受过。常常做了很多，却受到很多指责和批评。如果工作表现平庸，容易逐渐被边缘化；如果工作表现出色，就会得到重用。

某年春节前期，公司按照惯例组织了满意度调查。从满意度调查来看，各部门对人事部的满意度比较低，问题主要集中在反馈速度慢、服务态度、专业度三个方面。我也听项目组抱怨人事部“衙门难进，事难办”。我看到人事部办事的人员，都是有事说事，缺少感情交流，工作之余也谈不上有什么交往。我将满意度结果提交给了 Lisa 和 Rose，也将我观察到的一些现状做了反馈。Lisa 说近几年人事部缺乏团队建设，内部人员调整频繁等原因，导致人事部门满意度偏低，这个问题需要逐步改进。

正值年底期间，希望借着年会的契机，邀约各部门表演节目，特别是要调动业务部门的参与，可以请他们当主持人，或是提供年会的创意、游戏等项目，以加强“非工作”场景的沟通。在与各部门邀约节目时，可以增加一些仪式感，让各部门感受到重视和尊重，比如举办个下午茶沟通会，邀请各部门内的“活跃份子”参加，在轻松的气氛中调动他们出谋划策的积极性。

好的想法一旦产生，执行落地是重点。一开始就抱着高期望，可能失望会比期望大。近几年的年会，各部门早已习惯了“歌曲 + 游戏”的方式。为了宣传下午茶的沟通会，我提前到各部门去游说。大家对此反应平平，有的同事还认为是浪费时间。思前想后，我决定在茶会内容上面下点功夫，在团队成员的帮助下，下午茶的重点围绕 5 个方面：PPT 讲解年会的重要性、其他公司成功的年会片段、精心准备的小点心、开放式的讨论话题、公司的年会主题设想。我首先发送了创意邀请邮件，下午茶当天精心布置了会议室，人事部的同事个个刻意打扮一番，仪式感在细节中慢慢体现出来，看到此变化的同事们都对下午茶充满了好奇。出乎意料的是，在下午茶会上来了不少同事，有部门经理，也有活跃分子，现场气氛也异常活跃，大家纷纷脑洞大开，贡献了很多的创意和构思。

通过下午茶的互动，我们邀约到了一名美女业务主管做主持人，节目有跨部门舞蹈组合、乐器表演、小品等，这些表演都是在年会中第一次出现。人事部还准备了三个保留节目准备给大家一个惊喜。

最后，年会如期举行，载歌载舞的节目让台上台下互动连成一片，游戏活动充满挑战和乐趣，主持人的幽默风趣让大家一片赞叹。第一波每人一个礼物的惊喜，第二波给董事长现场过生日的惊喜，第三波空中降下送给两位主持人的礼物的惊喜。

一环衔接一环，将年会的现场推向高潮，同事们在欢乐的氛围中互相举杯，合影留念，充满惊喜的年会给大家留下了深刻的印象。通过这次年会，同事对人事部也有了新的认识，对年会的形式有了新的理解，同事们的心也在慢慢靠近。我想这是年会最有价值的地方。

在自然界中，蘑菇都生在地下或枯枝烂叶下，它们吸收土壤中的养分，依靠自我获取营养而生长。从地下到破土而出形成菌蕾后，是靠着自身不懈的努力，最终生长成食用和药用价值极高的食材。蘑菇经历是我们独自面对内心的一段时期，有激情、敢于奉献，渴望成就，但会遇到挫折、打击、心情低落，作为“菜鸟”要客观认知，蘑菇期是人生的必经阶段，不必回避和焦虑。“菜鸟”从小事做起，关注细节管理，忍耐住简单枯燥的工作，善于学习不断发现其中的乐趣，敢于发表自己的见解和意见，在工作中才能有所创新。

1.4 空杯心态：别人很糟糕，还是自己很糟糕

“路漫漫其修远兮，吾将上下而求索。”我想这是一种空杯心态，空杯心态并不是一味地否定过去，也不是一味地沉浸在过去的成绩和经验中，而是随时随地的腾空自己，接纳新知识。

人事成本分析一直都是人力资源工作的重点内容。人事部计划每个月为项目提供人事成本分析，培养各项目的人事成本意识，提升成本控制能力。

我之前有过几年财务工作经验，完成人事成本分析我是有优势的。进入HR岗位有一段时间了，我一直是边学边干，希望能借助我在数据分析方面的优势，提升我在人力资源方面的专业度。

根据公司在成本上的要求和项目的现状，人事部提出三个衡量目标。

一是项目录用率，公式为：

项目录用人数 ÷ 项目面试人数

通过指标的变化，考核项目和HR在招聘标准是否一样，以及招聘的有效达成率。

二是人员流失率，公式为：

（试用期人数＋在职人数）÷（上月末人数＋本月末人数）÷2

指标考核新员工进入项目后，项目对新人的跟进程度以及降低人员流失率的办法。

三是项目人工成本，包括项目人员工资、社保和公积金公司承担部分，指标分析人员成本与项目的实际产出配比是否合理，判断其人员配置是否合适。其中指标一、三是我新提议设立的，指标二以前每月都由Yoyo计算，但除了人事部会留存，其他部门也很少了解。

人事成本控制需要各项目部门配合，若各项目不重视人事成本控制也将是一纸空谈。为了加快人事成本控制的推进工作，经Lisa和Rose同意后，我将当月的人事成本分析结果分别发给了各项目负责人，邮件发出后并没有得到反馈。周例会上，按照人事成本分析数据的结果做了排名，并结合实际的问题谈了自己的看法。在有领导参加的周例会上，以及人事成本排名的压力，各项目负责人都提出了自己的意见，大多数问题主要集中在人员流失率和项目人工成本两个指标上，项目负责人认为这两个指标的计算中参与的人次超过他们的预期，他们要核算下原始数据。我虽然口头爽快答应，但心里着实有些抵触，以我财务工作经历的角度出发，我是不会在简单的计算过程上出错的，计算的公式参考了专业的资料，同时还咨询过相关专业的人员。

以己之长，比人之短，会让人一叶障目，是因为盲目自信会高估自身应对特定情境的能力。如果一旦没有达到预期的效果，盲目自信会带来不良情绪，从而产生负面的心理效应。

第二天Tom经理说，几个刚入职1~2天就离职的人员，有的说跟理想的工作平台不一样；有的说薪资跟自己工作要求有差距，试用期员工是否应该计算在离职率内呢。有个别项目是项目中的孵化器……单一的归属到该项目来计算成本，可能有失公平。我做了说明，面试中的复试环节是业务部门参与的，新人入职后是业务部门负责安排和跟进，怎么能不核算呢？但我和他都没有说服对方。

各项目对指标的质疑依然存在，而且他们认为如果公司强制推行的话，他们不接受这种不合理的指标。

一旦心理认知建立，抵触的情绪便会突显出来，反复思考都觉得不是自己的错。当情绪稳定下来的时候，我才重新思考人员流失率和项目人工成本两个指标，经过反复与各项目沟通，最终达成了新人入职一周内的流失率不计入项目，而作为人事部的考核指标之一。项目人工成本也按员工入职一周起计算，一周之后计算实际用人项目的成本，项目的临时调动需要填写项目调动单，并在人事部备案。这时跟各项目部门达成了一致，后续指标推进相对顺利。

曾子曰：吾日三省吾身。三省说了两个方面的意思，一是修己，二是对人。所谓修己是指要温习旧经验，求取新知识，而且不能停下来，否则人会僵化。HR在为各部门提供管理工具时，要放下“我是专家”的心态，听取各部门的需求，再结合HR的专业度，才能得到业务部门有力的支持。

保持空杯心态不是仅知道那么简单，需要真正的放下过去的经验，在自满时能自我感知，从而学会聆听和接纳。空杯心态是后天习得的，通过自我练习是可以做到的。具体来说可以从以下几个方面来练习：

1. 持续不断地学习。源源不断地吸收新的知识，让学习成为一种习惯。学习包括各个方面，工作、生活、兴趣点，眼界越开阔，心态越豁达。

2. 挑战自我，练习自己不擅长的事情等。

3. 同高层次人交流，交换自己的想法，学习高层次人与人交往的态度。

4. 定期总结自己，记录下自己的心理过程。

1.5 考验承受力：委屈和眼泪

韦伯定律告诉我们，对方对你要求越少，心理上获得的回报就越大，因此你将更容易获得对方的好感。你对别人的要求少，对方给予一点点关爱，自己也能高兴不已。如果一个人第一次受到的刺激较大时，以后再次遇到突如其来的打击带来的伤痛便不会如第一次那般深。强大的心理是接受了 n 次刺激之后形成的。

年末正值“人工荒”，Yoyo 找我说了主要集中在招聘上的问题，重点是临近年关缺人，年关快成了 HR 的受难日。负责招聘的 Yoyo 是公司老员工，对于招聘不到人早已一副生无可恋的样子。她告诉我每年都会这样，我问她 Rose 的意见，她简单地说早就习惯了。我向 Yoyo 了解到了招聘渠道的现状：网络投递简历寥寥无几，主动下载的简历，应聘者基本上都不考虑年前面试了。人才市场已进入冬眠期，现场见不到人气了。我用余光看了下显示器弹出的新闻，外出工作的人们如候鸟般的大迁徙回家过年。

当个人面对困难重重的现状时，不同工作动机的人有不一样的选择，决定行为的是习惯问题还是解决问题。习惯问题的人在心理上喜欢寻找“安全”感，首先考虑到的是规避风险、困难、责任，总是担心枪打出头鸟，不是我的责任，某某也是这样等想法，采取躲避问题的态度。习惯问题的原因可以从人是社会性动物角度考虑，与外界保持行为的一致性，不需要背负任何的道德压力。而解决问题的人在行动上是擅于“自我突破”的，在不同的问题解决方法中做出决策，不断在最优方案之间做出调整。然而，在处理问题过程会出现不同的“声音”，干扰并决定个人在组织中的执行力，意志力坚强的人才会坚持将问题解决。

我界定之前的人事部选择了习惯问题，而我迫于重新择业的压力必须冲上去在岗位上站住脚，所以我只能选择解决问题。10 个项目组里只有 2 个项目组人员齐全，另外 8 个项目里面不同程度的缺人。缺人的情况有两类原因：第一类是有计划请假回家的员工，第二类是提出离职的员工。虽然有一个月的交接期，但都会提前休年假回家。针对第一类计划回家的员工，若春节前没有请假的员工，提倡公司给予一定的补贴。第二类是紧急补充的，通过渠道方面想办法：

- ◆ 内部招聘给予一定的奖励。
- ◆ 通过网站招聘的销售在后台数据库帮助找一些简历。
- ◆ 联系第三方供应商是否有人员推荐。
- ◆ 人员齐全的项目给缺人项目提供人员支持。

第一类员工处理得比较顺利，部分员工利用补贴买了机票，回家交通便利的员工改坐汽车，有的员工考虑邀请父母从家乡过来小住，趁着春节放假可以陪父母。第二类人员补充还是困难不少，好在供应商推荐了一名意向人员，项目组间做了两名人员的调配。通过以上措施解决了五个项目缺人的问题，剩下的两个项目各帮他们招聘一名当地的寒假实习生，处理日常事务性问题。

自我感觉完美的方案，在匆忙招聘的新人中暴露出了问题。比如新员工文化导入不够，HR和部门跟进不够，新人一直处在不稳定的状态；调动的员工在新项目部缺乏归属感，总是想着调回原项目部。部门经理抱怨着人的问题，财务部抱怨着因补贴增加了费用的问题，所有的质疑声都冲我而来，感觉以前人事部处理问题的方式，也不会出现这么糟糕的局面。我开始质疑自己坚持，同时也觉得委屈，曾经一段时间，百思不得其解。难道我努力达到“1”的水平比原来的“0”还要差吗？

人生的变化发展是波浪式前进，螺旋式上升的过程，每一次的低谷期都是一场对承受力的考验。解决招聘问题，我期待的是完美的结果（招聘合格人员），原因是我投入了努力，忽视了可能存在的问题（招聘效果），无意识中提升了理想结果的心理预期（成绩和肯定），降低了自己对不良后果的承受力（问题和质疑）。不良后果的承受力就是我们心理阈限，心理阈限的值越低，说明承受力越大，反之承受力则越小。心理阈限跟我们事前的心理预期和遭遇刺激的经验有关，在工作中我们需要有意识去感知自己，遇事能常跳出自我，从多维度进行客观分析。希望越大，失望越大，韦伯定律说的亦是这个道理。降低对人的期望（如上级对工作肯定时的惊喜）也会提升自我心理承受力。

1.6 成长动力：不止面包，还有好奇心

刚上班那会儿，办公室楼下有各种美食。胃口不好的时候可以吃个酸汤面；胃口清淡时，来碗素粥配包子；还有各类咸香、甜糯的烧饼，嚼劲十足，饭量小的吃一个顶到中午都不会饿。

我每天吃了什么、口感如何，都会在办公室点评一番。夏热冬冷，没有美食的吸引，估计起来上班的动力都大大减弱。人类喜欢美食是原始的、自发的，清晨叫醒我的不是闹钟，而是快速消化的肠胃和饥肠辘辘的肚子。

时间久了，待每家美食品尝过后，也渐渐失去了兴趣。如同工作一样，当初再怎么渴望的岗位，干久了也会有无聊的一天。

如何把“无聊”变成“有趣”，从个人的内因出发，从一路的成长经验来看，保持好奇心是自我成长的动力之一。我一直受好奇心驱使，不断在找与兴趣点、长处、合适自己三点相结合的工作，如果说理想是一种情怀，沉浸在工作中是一种实现自我的途径，那么，找到工作中的乐趣便是一种享受。乐趣的感受源自我们的内心对一件事情感兴趣就会产生做事的冲动，当把感兴趣的事情完成，就会产生快乐感。

决定乐趣的一个关键点就是好奇心，好奇心是我们喜欢探究不了解事物的心理状态，好奇心作为内在学习的动机之一，反映了我们在行为上的主动性。每当我们的一个好奇心被满足后，产生另一个好奇心时，就会不断产生

新的兴趣点，每完成一个新的兴趣点就会在心理上得到满足和快乐。若这种交替的状态持续下去，工作的吸引力就来了。有吸引力的工作才会激发我们的潜力和能量，对工作投入的同时也享受着工作中的价值。看看去年的现在，我面对财务数据时的烦躁，而现在我干着自己喜欢的工作，虽然有困难但心理是满足的。

我们天生就有好奇心，比如小时候好奇心促使我们经常会问为什么，尝试不同的食物等，长大了反而慢慢地失去了好奇心。保持好奇心的是一种积极的心态，在遇到困难和问题时候，选择一种主观的积极心态，会提升获得成功的机会。想到我从财务工作转型到 HR 主管的幸运，也是受积极心态的影响，但仅依靠积极心态是不够的，还要懂得“知行合一”，将心态转换为行动。

对我而言，我会经常刻意修炼“好奇心”：

一是积极思考，总感觉自己是装不满的瓶子，放下了大石头，仍然可以加入小沙粒和水，通过对事情的思考，提升自己的求知欲是保持好奇心的好办法。

二是积极行动，不成为思想的巨人，行动的矮子，在工作和生活中不断付诸实践，办法总比困难多，会通过经验的积累获得好的行动方案。

三是掌控情绪，尽量降低不良情绪对自己的影响，从而保持乐观、豁达的心态，才能在人生路上一直前进。

1.7 情绪管理：坏情绪是抓不住的影子

坏情绪就像影子一样，总是在黑暗的夜晚不知不觉地来到。你赶不走它，也抓不住它，它的来去不由你的意识决定。你好像只能感知它的存在，却找不到驾驭它的办法。

血液在我们身体里流动，坏情绪就像一个“突起”，堵塞了血管的通路、血液的流通。理智在坏情绪的影响下突然短路，可能你也会觉得自己也会变得陌生。

大雨持续了一夜，早上马路上积了很多的水，地面有海洋的感觉。在赶往公司的路上，我深一脚浅一脚地踏着积水，被经过的自行车溅湿了裤角，被飞驰而过的汽车打湿了衣服，撑着似乎遮不住雨的伞，连追带跑地赶公交车，马上要到了，公交车却在眼皮底下开走了，风雨中呆了 20 多分钟才等到下一趟公交车。好不容易赶到公司楼下，幸运地挤上电梯，不幸的是电梯超员了，我只有眼睁睁地看着一堆幸运的乘梯者扶摇而上，而我毫无悬念地迟到了。一大清早，诸事不顺，我开始沮丧起来了。

以上类似的场景似乎每隔一段时间就会上演，你越担心某种不好的情况发生，那么它就更有可能发生，这就是著名的墨菲定律。墨菲定律并不是一种强调人为错误的概率性定理，而是阐述了一种偶然中的必然性。溅湿衣服、未赶上的公交车、挤不上的电梯，这其实都是概率在起作用，我们经常说的“人算不如天算”“祸不单行”也是这个意思，有时候感觉是怕什么来什么，导致我们会归因于自己总是最倒霉的那个人，越是有这样的想法，注意力越会注意到对自己不利的方面，如此交替反复，会降低我们的自信心，严重者会走不出坏情绪的怪圈。墨菲定律提醒我们，日常生活中处事要提前规划，考虑细节得更周到全面一些。比如下雨天提前出行，开会前把所有的环节检查一遍……凡事多制订一些保险或预案措施，防止偶然事件的发生给我们带来的损失或坏情绪。

急匆匆走进办公室，就听到 Yoyo 的抱怨，等了一个月，原计划今天入职的总经理助理（以下简称“总助”）说家里有事不来了，现任总助这两天就要办理离职交接。迟到的阴霾还未散去，耳边萦绕着 Yoyo 的余音，心里嘀咕道难怪一大清早这么倒霉呢。

我决定和这位总助电话沟通下。电话那头的总助吞吞吐吐，说是家中有事。我直觉判断他可能有其他更好的机会。总助岗位要求比较高，我们挑选了许久，也不想错过他。

我从两个方面跟他强调了公司的优势：一是公司平台的发展与他的需求相契合。实际上，公司现在的很多部门经理都是从总助转岗的；二是总经理的个人魅力。总经理是职业经理人，实战经验丰富，愿意教授下属，更重要的是脾气特别好。挂上电话后，我深深吸了一口气，放松下紧张的心情，等着新总助下午回复我考虑的结果。

上午的时间已过半，接到了 Lisa 的电话：Vicky 还没有提交汇总的各部门的周报，最近经常提交不准时，让我跟进了解原因。财务经理的周报没有准时提交，以及之前没有准时提交的问题。我边指导 Vicky 工作，边协调财务经理提交周报，最终盯着 Vicky 按时发出了周报。一阵忙碌之后，前台同事又因预订会议室的问题，跟几个部门发生争执，我又急忙赶去救火。山雨欲来“呼”满楼，处理完所有的突发事件，不禁让我心情烦躁起来。

随后，前台同事主动向我说明原因，按道理我应该倾听并指正她的问题，但糟糕的情绪影响了我的思维，实在没心情听她的解释，将她的任何解释归因为借口。于是，还没等她开口，我就生气地批评了她半个小时，最后让她回前台干活去了。我知道她应该很不开心，但我已无暇顾及她的心情，注意力全集中在她的错误上。人在生气的时候，不良情绪会影响机体反应，愤怒时大脑因缺氧而思维混乱，事实上我很快就不记得批评的内容了。

科学研究表明，人在生气的时候，人体会分泌一种叫作“儿茶酚胺”的物质，直接作用于中枢神经系统，使得血糖升高，脂肪酸分解加速，血液和肝脏内的毒素由此增加，从而影响到个人的身体健康。

当一个人的情绪变坏时，潜意识会驱使他选择下属或无法还击的弱者发泄。受到领导或者强者情绪攻击的人又会去寻找自己的出气筒。从早起下雨的路途不顺，到新总助未报到，以及后续处理前台的问题，情绪的破坏力是逐步升级的，到最后在前台同事的身上发泄了，这个现象可以用行为心理学上著名的“踢猫效应”来解释。“踢猫效应”是一种典型的坏情绪的传染所导致的恶性循环，它会形成一条清晰的愤怒传递链条，最终的承受者，即“猫”是最弱小的群体，也是受气最多的群体，因为也许会有多个渠道的怒气传递到它这里来。

紧张和压力容易导致人们情绪的不稳定，遇到不顺利的事情就会使自己烦恼并愤怒，如果不能及时调整消极因素带给自己的负面影响，就会身不由己地加入“踢猫”的队伍当中——被别人“踢”和去“踢”别人。

1.8 抓住机会：心有多大，舞台就有多大

原来我并不是一个自信的人，面对一个新的任务总是担心做不好，习惯性往坏的结果想，虽然通常并不会出现，但我依然控制不住自己去想。成功的经验会增加主观判断成功的概率，否则反之。

缺乏成功的经验，所以自信心不够，对未知的将来充满着恐惧，对新的任务也感到迷茫而不知所措。我钦慕学霸并欣赏职场中的高手，曾一度认为那是他们天生的智慧和才干，我给自己编织了一个自我否认并内心消极的网，并身陷其中。后来慢慢尝试放下这种心理习惯，将注意力转移到使我感觉“敞亮”的方向，同时在取得每一小点进步时都及时给予自我肯定，慢慢感到我的工作越来越顺手。

刚做财务工作时，我并无工作经验，记下师傅教的工作内容后，一遍遍在心理巩固。工作流程和内容，听一遍并不能记住，很多细节的事情容易被我搞砸，一两次后，我感到自己对数据方面并不擅长，需要从其他方面来补充。我充分利用自己擅长沟通的强项，工作时请师傅传授工作经验和方法，

并请师傅们帮助检查工作结果。工作之余我跟师傅们聊天，让他们指出我有待改进的地方。

当我与师傅们交流时，加深了对专业知识的记忆与理解，也锻炼了我的沟通能力。经过反复的成功实践，我的工作效率提高了，人也变得自信起来。我从自己的擅长入手，去提升自己的不足。

如果说从平凡到优秀有 100 步，每前进一步，自信就会增加一分，自我展现的人生舞台也会多一份机会。

从事人力资源工作后，遇到第一个大的挑战是编写制度，我基本上是提笔无字，无论是大脑思维还是口头表达都是一片空白。遇到编写制度的工作我总是绕道而行，实在躲不过去时，上网找一些内容加上自己的理解拼凑起来，简单快速地推进下去。遇到问题又变得束手无策，那段时间陷入了迷茫期。白天感到无力应对，晚上在自责中辗转反侧，生活仿佛进入了一种恶性循环。人一旦进入低谷状态，很容易自我否认，我也开始陷入自我怀疑。

那时的我，像一个抱怨的机器，对现实无能为力，又不知道方向在哪儿，逢人便说自己的不如意。好朋友到外地出差转道来看我，见面之后如同以往一样，吃吃喝喝畅聊人生理想。说起在学校的趣事，谈到今后结婚生子，唯独不聊我当下的窘迫，我几次试着倾诉"衷肠"，都被好朋友拉回到了美好的回忆和对未来的畅想上。我想好朋友是要分散我的注意力，让我忘记现实中的不愉快吧。晚上我们一起重温了《阿甘正传》，我机械地嚼着爆米花，无味地品着饮料，我揣摩着好朋友的用意，是让我像阿甘一样在逆境中依靠自己站起来。那天晚上，我反复思考着我何去何从。

之后的很长一段时间里，我边思考边行动。一方面搭建自己的知识架构，提升写作能力。为了使自己的知识系统化，我还专门进行了思维训练的培训。为了在短时间内提升写作能力，我会集中阅读公文写作和人力资源方面的书。

另一方面进行刻意练习，一篇制度从最初下笔编写时的多而全，反复调整后，最终能撰写出简单、直接、易操作的文件。而且认真跟进每一个制度的执行结果，不断修正完善，在一次次的实践后，编写制度、文件终于成为我工作中的强项。

在成长的路上，形形色色的困难以不同的样子出现在生命中。当我们感到迷茫、无助、烦恼的时候，让自己的生活节奏慢下来，听一段音乐、看一本书，不再与消极对话，不再抱怨悲伤，不断给自己打气，尽快走出迷茫，之后你会发现你比自己想象中的强大。

第2章

第一次与招聘亲密接触

2.1 一招一式：雾里看花式的招聘需求

Yoyo 拿了若干份简历冲进办公室，看起来情绪不佳的样子。她抱怨道：

“我推荐的应聘者怎么不合适了？工作年限、公司背景、学历哪一条不符合岗位说明书上的要求？部门经理都这么挑剔，我看都是给惯的，有本事自己招去。”但牢骚归牢骚，人还得继续招聘不是？在跟用人部门的磕磕碰碰中完成一次次的磨合。

职位说明书是摆设吗？用人部门经理没考虑清楚？不着急用人还是故意挑剔？招聘专员只找到貌似而神不似的人？招聘是个专业技术加心理战术的活，两个方面缺一不可。通常来说，招聘到岗的新员工首先是一个合适的人，而合适的含义是多层次的：应聘者的客观条件，面试官的主观喜好，以及是否适应公司的文化等都包括在内。作为 HR 不仅要从专业角度理解招聘需求，还要了解不同人员的心理需求，从而保障招聘的成功率。

首先，HR 应从年初的招聘规划入手，了解用人需求的所处阶段，招聘部门是新组建的团队。发展期的团队还是成熟期的团队。以所在公司的采购主管岗位为例，职位说明书都有“制订公司采购计划，根据采购计划完成物品的采购”。团队新组建时人不多，采购主管的工作职责以落地执行为主，招聘则以原则性强、踏实肯干的人格特质为主；快速发展期要求采购主管有更强的协调能力和应变能力，擅长平衡公司的资源配置，对优质供应商的把握能力强；在成熟期团队中则要求采购主管的体系感更强，在分工细化的团队中不仅要注重流程管理，更要注重细节和沟通能力。若组织在转型期和衰退期则也有不同的要求，需要对岗位的核心需求进行分析，从而更精准地定位。

在组织转型期时，采购主管需要了解公司新的需求，以及评估现在的技能能否满足需求，比如是否新增了海外采购，或是某个专项功能的外包采购。在组织衰退期时，采购主管要平衡好供货商的付款周期，对于已采未用的产品，与供货商协调能否给予退货等。

其次，分析团队成员的角色构成。剑桥产业培训研究部前主任梅雷迪思·贝尔宾博士和他的同事们经过多年的研究与实践，提出了著名的贝尔宾"团队角色理论"，即一支结构合理的团队应该由八种角色组成，后来修订为九种角色。贝尔宾团队角色理论是，高效的团队工作有赖于默契协作。团队成员必须清楚其他人所扮演的角色，了解如何相互弥补不足，发挥优势。

成功的团队协作可以提高生产力，鼓舞士气，激励创新。梅雷迪思·贝尔宾博士将团队角色定义为：个体在群体内的行为、贡献以及人际互动的倾向性。

这九种团队角色分别为：

◆ 智多星 PL（Plant）。创造力强，充当创新者和发明者的角色，独立、聪明、充满原创思想。

◆ 外交家 RI（Resource Investigator）。善于和人打交道、谈判高手，擅长获得并利用资源，热情、外向、好奇心强。

◆ 审议员 ME（Monitor Evaluator）。具有批判性思维，善于在考虑周全之后作出明智的决定，态度严肃、谨慎理智。

◆ 协调者 CO（Co-Ordinator）。最突出的特征就是他们能够凝聚团队的力量向共同的目标努力，成熟、自信、值得信赖。

◆ 鞭策者 SH（Shaper）。拥有强大驱动力，喜欢领导并激励他人采取行动。他们的特点是充满干劲、精力充沛、渴望成就。

◆ 凝聚者 TW（Team Worker）。给予团队最大支持的成员。他们观察力强，性格温和，擅长人际交往并关心他人。工作上非常敏感，但是在面对危机时，往往优柔寡断。

◆ 执行者 IMP（Implementer）。有强烈的自我控制力及纪律意识。他们偏好努力工作，系统化解决问题。但或许会因缺乏主动而显得一板一眼。

◆ 完成者 CF（Completer Finisher）。具有坚持不懈、注重细节的特质。他们大多数性格内向，不太会去做自己认为完成不了的事情。

◆ 专业师 SP（Specialist）。专注于维持自己的专业度以及对专业知识的不断探究之上。他们注意力集中，研究领域专一。

最后，HR 要善于利用工作机会或非工作场合，多了解用人部门经理的性格、爱好，如果能与用人部门经理有比较好的个人关系，能更直接地了解他的应聘者标准，现在团队成员的角色行为特点。一杯下午茶，一顿午餐都能拉进与部门经理的距离，请他们利用行业资源为 HR 推荐优质的应聘者也是极有可能的。

每当一轮面试结束，是 HR 跟用人部门经理沟通的最好时机。积极回应用人部门在招聘上的问题，让用人部门经理有被重视、尊重的感觉，在沟通过程中多换位思考，并利用专业知识向用人部门提建议，对于明确的招聘需求能起到事半功倍的效果。

2.2 没对上眼：有意向的应聘者不来了

一些现代爱情故事中，男女主角都是历经千辛万苦的考验最终走在一起的，或是经历百转千回却发现不是真爱，后来在生命的旅程中才遇到 Mr.Right. 在这样的爱情故事中，引导男女主角发展的主线是剧情的需要。

而男女主角的爱情结局则是编剧的成果。专业的编剧总能把剧情环节安排得当，男女主角互相暗恋的小甜蜜。观众一眼就能看明白，隔着电视屏幕高呼他们“在一起”。在“喜欢你”的那层玻璃纸没有捅破前，观众比男女主角们还清楚他们的心已经在一起了？

我和 Yoyo 都不是科班出身，入职前也没有过相关的工作经验，进入公司后也没有参加过相关的专业培训，而是入职后直接负责招聘。虽然我看过很多人力资源方面的书籍，但还停留在纸上谈兵的阶段，仅有的招聘经验是跟 Yoyo 学习的。挑选应聘者会严格按照岗位说明书中的量化指标来执行，比如，年龄、工作经验、年限、毕业学校（是否统招）、专业、工作年限、外语程度等，要在相等规模的公司做过相同的岗位，这些内容可以先在简历上呈现，面试时可以再问问以鉴别真伪。面试比较重要一点就是看看应聘者的形象、性格、沟通能力，当然还是以需求部门的意见为准，因为他们是用人主体。

参考 Yoyo 的经验，我完成了一次次的面试，面试的“效率”也是极高的，每个人需 15 分钟就足够了，有时候第一眼就能凭“感觉”判断出应聘者是否符合要求。招聘工作的考核指标是招聘达成率，即入职新员工数量占招聘需求的百分比。在考核指标的压力下，通常更注重数量而轻质量，一来是推荐更多的应聘者才能有机会达到招聘考核指标，二来是推荐的人多了，用人部门了解到市场行情，也会从矮子中间拔将军，最终同意录用其中的一名。所以追求招聘数量，貌似是最好的选择。在以数量取胜的心态下，对于个别通知的应聘者是否能来已经无暇顾及。有时间说服他们前来，还不如多联系几个应聘者，即使个别应聘者没来也无关痛痒。

当遇到一个难招聘的岗位，应聘者属于市场稀缺资源，很难追求数量上的优势时，每一个应聘者就显得很珍贵，每一次的流失都伤不起。在通过了初试后，感觉他们是公司要找的人，就要尽快和用人部门确认复试安排。

稀缺的资源总是抢手的，可能仅一天之隔，对方就婉拒了。当遇到这种情况时，Yoyo 和我会轮流打电话询问：为什么不考虑我们公司了，能告诉我原因吗？应聘者给了一个我们不知道真假的理由，虽然我们一直强调公司的优势、平台、薪资、福利、晋升……但都无功而返。

时间久了，在每一次面试后我和 Yoyo 都会进行“头脑风暴”，总结应聘者不来的原因，发现原因是我们提出的“供给”没有满足应聘者的“需求”，不知道应聘者对工作的“心理预期”，即应聘者找工作的动机是什么。当我们在面对一次选择的时候，可能只知道我们不要什么，但不明确究竟我们要什么。在面试过程中，面试官要扮演两个角色，一个是顾问的角色，通过设计开放式的问题，让应聘者说出心里话。比如问应聘者找工作最看中的是什么，如果对方过多强调薪资水平，要分析下他这样说的背后原因。根据马斯洛的需求层次理论，人是有生理需求（Physiological needs）、安全需求（Safety needs）、爱和归属感（Love and belonging）、尊重（Esteem）和自我实现（Self-actualization）五类需求依次递进的。依照这个层次理论，举个例子，比如应聘者现在有房有车要月供，一方面他有月薪的“安全需求”，另一方面公司稳定发展、岗位的晋升保障也能让他有“归属感”，明确应聘者的需求与公司的平台是否有契合点，从而判断应聘者是否是合适的人。

曾遇到过一位应聘者，他的上家公司口头承诺工资一部分在月度发，一部分累计在年底发，结果年底的时候公司没有兑现，所以这位应聘者找工作时就更注重选择有诚信的公司。面试时 HR 应当将公司的规范性、合法性等信息传递给应聘者，让应聘者对公司有安全感。另一个是公司优势传播者的角色，行业前景、产品特点、薪资福利、同事关系、团队氛围、发展空间、办公地点、培训机制等，都可作为吸引应聘者的亮点。

医学上有对症下药，招聘工作则因岗招人。一个岗位的产生，HR 先要做好“招聘画像”，可从硬件、软件、动机三方面综合考虑：一是工作经验、年龄、学历等可量化的指标，这些硬性指标直观性强；二是人品、性格、人格特征等软性指标，可借助测评工具获得；三是求职动机，需要招聘人员掌握一定的沟通技巧、创造轻松的面试环境，让应聘者在面试过程中真实客观地表达出求职动机。

2.3 人以群分：渠道对了，人就对了

人是一种群居动物，根据相处的关系和方式的不同，组成各自的社交圈。随着互联网的发展，网络上出现了各种类别的社交圈，在圈子中寻找自己的需要，互相学习、分享、倾听或倾诉。招聘工作是要找到职场类的社交圈，比如按工作岗位划分的HR联盟、互联网HR交流群等，按行业分类的建筑行业交流群、医疗行业俱乐部等。这些圈子都可成为HR潜在的招聘渠道，通常渠道找对了，人就对了。

每年的春节过后，“金九银十”都是员工跳槽的高峰期，也是HR忙着招聘的季节。我进入到零售行业后发现，招聘的季节性规律更是明显，当然也更令HR发愁。HR的重要职责之一，是在不同的发展阶段能招聘到合格的人才，同时保障合格人才尽快到岗。所以渠道的建立和管理，是完成招聘的首要任务。

◆ 新媒体招聘。随着微信、微博的快速发展，新媒体招聘引起了大家的关注。特别是在微信朋友圈和各种群组里的招聘。费用低，信任度相对较高，利用个人资源发布信息，通常会被熟悉的、有意向的跳槽者优先选择。

从心理学的角度出发，选择相信熟悉的人花费的时间成本和代价会更低。另外，招聘的成功率跟个人的影响力也有一定的关系。比如我所在的一个HR群，群主是行业内的专家、专栏书作者、大型活动的专栏嘉宾，由他发出的招聘信息反馈率相对较高。

◆ 网站招聘。网站招聘按其招聘效果不同，可以分为基础岗位招聘和中

高端人才的招聘网站。国内较早发展起来的专业招聘网站，这些网站上简历量较大，简历的活跃度较高，一般性职位招聘需求都可以满足。

目前是大部分公司招聘常用的网络资源，适合中高端人才的招聘。

近年来发展比较迅速的分类信息网站，对于招聘一些基础岗位效果还是不错的，比如导购、业务员、司机等。招聘人员发布招聘信息后，应尽可能写清楚工作区域、薪资等信息，与应聘者沟通也要考虑到差别因素，比如应聘商场导购、营业员工作的主要受两种因素的影响：愿意在闹市区上班的，挣钱意愿强，属于以金钱为导向的人员，他们抗压能力强。而愿意选择在郊区上班的，则更看中离家近的工作地点和相对稳定的底薪。

◆ 猎头招聘。猎头是一种定向的招聘方式，专业的招聘公司利用其储备的人才，帮助委托公司在短期内快速招聘到所需人才，通常使用在中高端人才的招聘上比较有效。

从中高端人才的自身来看，经常被猎头顾问邀约面试，证明他们有一定的社会竞争力，提升了他们找工作的自信心，减少了公司招聘的人工成本。

比较专业的猎头公司会对应聘者先作出面试和评估，最终推荐的人与企业匹配度相对较高。猎头已成为中高端人员找工作的重要途径，所以招聘人员在跟猎头或其推荐的应聘者沟通时，特别要注意光环效应的影响，从岗位需求出发，从细节入手去核实应聘者与岗位的匹配度。

◆ 内部招聘。内部招聘是当公司有职位空缺时，在公司内部发布招聘信息，按制订好的岗位职责和任职资格选拔人员的过程。内部招聘的好处在于能够激励员工的积极性，增加员工职业选择的可能性，通过同一岗位的多人竞聘，营造积极向上的工作氛围。内部选拔的人员更熟悉公司，在新的工作岗位上能尽快投入工作状态。但跨专业的内部选拔，可能会使选拔出的人员在新岗位的经验较少；另外，由于对公司很熟悉，不容易在工作中创新，发现新机遇。

◆ 校园招聘。校园招聘主要通过校园内的招聘广告或现场宣讲会进行招聘。校园招聘的特点是人员集中，面试成功率高，刚走出校门的学生具有活力且精力旺盛，他们学习意愿强，吸收新知识快，有很强的可塑性并对周围同事有带动性。但在入职初期，公司投入的培训成本会高于社会招聘到的有经验的应聘者。

随着互联网信息的发展，学生择业的渠道更多，校园招聘的时间限制会令 HR 错失合适的人才。

2.4 即时效应：招聘海报是一盏聚灯光

现代社会科技发展迅速，各类新奇产品层出不穷，“好酒不怕巷子深”的年代已成过去，提高曝光率才是打开市场的最优方式。招聘海报作为一种有力的宣传武器，是人力资源部招到好兵，买到宝马的重要一步。

由于背景和文化的不同，各公司招聘海报的展现形式差异很大，但目的是宣传公司并吸引应聘者的注意。我了解到的招聘海报形式及内容如下：

1. 传统的招聘海报

◆ 公司介绍。可从公司名称、业务概况、发展状况、公司文化三个方面介绍，内容简单、直接、重点突出，包括工作地点、成立时间、行业地位、发展前景等。

◆ 招聘岗位名称。按行业内通用名称表达，可参考招聘网站上的岗位名称。

◆ 岗位职责。该工作岗位主要的工作内容。

◆ 任职要求。学历、工作年限、资格证书、经验要求、外语程度、能力和性格等。

2. 现代的招聘广告

现代的招聘广告则以新、奇、特著称，在招聘网站、微信公众号等社交平台上，各类小软文、短视频等形式层出不穷，例如：“程序猿”“设计狮”“市场运鹰”等。

20 世纪 80 年代由佩蒂、卡西窝波和休曼提出的模型精细加工可能性模型 ELM（Elaboration Likelihood Model），用来解释不同的招聘广告形式对应聘者的吸引程度。该理论把态度改变归纳为两个基本的路径：中枢路径和边缘路径。中枢路径所引起的态度变化比边缘路径要持久，中枢路径所形成的态度可能比边缘路径预测后来的行为更好。ELM 模型将信息分为两类：一类是说服证据，即招聘广告中的岗位职责、任职资格等；另一类是边缘线索，如招聘广告的图片，吸引人的广告词等。对于应聘者而言，说服类证据能给应聘者提供关键的信息供认知加工，也有助于应聘者作出有效的决策。

而仅有边缘线索的广告，比如一张图片仅一句话："我在这里等能人"，虽然在当时能产生明显的招聘效果，但对应聘者影响的持久力不足，特别是对应聘者兴趣和职业选择方面吸引力不够。

那么究竟什么样的招聘海报在呈现形式、内容设计方面能引导应聘者关注并能产生兴趣呢？我认为招聘海报的设计可运用 AIDMA 原理进行设计，AIDMA 是 1898 年由美国广告学家 E.S. 刘易斯最先提出，消费者先是注意到广告，其次产生兴趣而阅读下去，然后产生有尝试的欲望，记住广告的内容，最后产生购买行为。

◆ 引起注意（Attention）

首先是视觉上的吸引，招聘海报的外观独特新颖，体现在语句表达、排版设计、图片运用、色彩搭配上，通过视觉效果（VI）引起应聘者的注意。

比如，新成立的创业公司，招聘海报的主题为"我们刚迈出创业的第 1 步，现阶段什么都没有，但我们相信等你来，1+1>2"。

◆ 引起兴趣（Interest）

生动形象的语言表达能让人产生兴趣点，兴趣点会引发好奇心，招聘海报就达到吸引人深入了解的目的了。比如，我们是哪个行业的领跑者、团队云集业内知名大咖、每天与高手沟通合作、获得大咖们的指点以及提升自己事半功倍。岗位职责包括哪些具体的内容，如果你是具有某项能力、某个专业的，诚意满满恭候您的加入等。

◆ 唤醒欲望（Desire）

唤醒应聘者申请职位的愿望，还要有满足他们实际需求的点，可能是薪酬福利、清晰的职位发展轨道，也可能是具有挑战性的工作内容等。比如，入职即有超出同行业的薪酬水平 + 保障长期发展的股权激励，金领的生活不是憧憬。

无限量的点心、小吃、下午茶，不断满足你挑剔的味蕾。总之，需要找出公司生存的优势，如果这些条件公司都没有，可以找出简单和谐的人际关系，稳定性较高的团队等。

◆ 留下记忆（Memory）

通过以上三个步骤会给应聘者留下深刻的印象，无论他们是否采取行动，提到引起他们注意的关键词都会让他们想到公司的优势，这也是招聘海报要达到的第二个宣传公司的目的。

◆ 采取行动（Action）

引起应聘者注意到采取行动的整个过程，招聘海报要内容完整，尽可能多提供几种联系方式，比如微信公众号开通招聘窗口、电话等，方便应聘者在决定求职的第一时间就能联系上公司。

2.5 真的假的：简历是一面照妖镜

简历是一个人浓缩后的职业生涯说明书，上面记录了个人从业以来重要的学习经历工作和个人信息，优质的简历并不能证明应聘者是否优秀，但可以了解到应聘者的思维习惯等特征。一份完整的个人求职简历主要包括五个重要部分：

◆ 标题。

◆ 个人基本信息。

◆ 自我评价。可突出个人所在的行业和优势、专业情况、重点能力素质、外语水平等。

◆ 工作经验（实习经验），包括工作起止时间、工作岗位、服务过的公司名称及简介、工作内容描述、重点项目经验等。

◆ 教育经历和培训情况。

合格的简历层次清晰、语言简练、重点突出，按照由近到远的工作时间顺序排列。简历带有明显的个性特征，不同性格的人在呈现简历上面也不同。比如，自我评价，有的是侧重于写能力（组织能力、沟通能力等），有的侧重于业绩（例如，擅于空白地区的开发，曾将业绩连续 2 年提升 30% 以上），有的侧重于写性格（例如，有韧性、正能量）。

作为一名招聘官，可以从措辞表达、简历的结构等方面入手，通过对简历细节的解读了解应聘者的性格特点，帮助分析此应聘者是否是用人团队所需要的合适的“性格角色”。

1．个人基本信息

HR 在筛选简历时会遇到，姓名写的是某某女士、英文名、艺名等，招聘人员需要注意应聘者在简历上不方便写真实姓名的原因。可能是正处在换工作的观望期，一方面期望新的工作机会，一方面不希望给自己在职的岗位带来不良影响。招聘人员需要考虑这类应聘者的到岗时间、面试时间安排等。还有可能是应聘者对自己在网络上的隐私要求高，招聘人员则要注意应聘者的敏感度，在刚进入沟通时逐步取得应聘者的信任，才能让应聘者敞开心扉，从而了解到真实的应聘目的。

2．自我评价

以下是三名市场营销应聘者简历中的自我评价内容。

应聘者甲：近 10 年的销售经验，对销售工作充满热情，从基层升任到区域经理。丰富的实战销售经验，关注团队成员的成长，擅长个人总结并乐于与他人分享。始终保持着阅读、思考的习惯，每到一个城市都会去该地的公共图书馆借阅图书。

应聘者乙：本人具有 10 年的快消产品区域经理工作经验，经历了快消产品从高速发展到深度调整再到行业复苏的整个过程。擅长空白区域的开发、管理，具有经销商管理、渠道管理、终端建设及促销策划经验，对产品的市场运作有较强的实战经验。对于跨界营销、联户分销、合作经营等模式都有成功经验。

应聘者丙：执着、坚韧，具有挑战精神。思维清晰、良好的沟通和组织能力，具有快速的适应能力和较强的抗压能力。

三名应聘者的自我评价有什么特点呢？

应聘者甲侧重于行为特征的表达，关键词为热情、分享、关注、习惯等，他倾向于对人的行为关注度，擅长处理人际关系，注意感知他人的情绪。我们也可以认为应聘者一的情商相对较高。这类型的人处理事情相对灵活，在团队中擅长对人的管理，体现在团队凝聚力、融洽度方面，在创业初期或是新组建团队时会更有优势。

应聘者乙侧重于表述工作经验，他倾向于对事情的关注度，聚焦于如何将具体的事情目标达成。此类型的人理性思维会多一些，擅长用系统化和流程化的方式管理，注重团队管理的规范性。日常处理问题时，更偏向站在“事”的角度考虑问题，对人的情绪察觉不敏感。

应聘者丙侧重于综合能力的体现，他可能会倾向于对自我效能的认知。

3. 工作经验

工作经验是简历中的核心部分，招聘人员要仔细阅读应聘者的简历。工作经验按顺序描述：职务岗位工作，如经理、总监，从整体框架到重点工作逐条展开；基础岗位工作，如专员、助理，列出20%的重点工作。文字简练、内容突出，以数字说明业绩。表明应聘者条理清晰、思维严谨、做事的目的性强，在日常工作中能更易抓住工作重点。通过文字表达内容更深层次地去了解应聘者的动机、需求或是性格特征，从多维度判断应聘者的匹配程度。下面就以几个例子作出说明：

例1：某应聘者从一家公司工作7年，跳槽到新公司后工作不到1年。原公司的类型是否是体系健全的成熟型公司，新公司是否是创业型公司，从这个角度可以了解应聘者的知觉是否属于场依存型认知风格，即以外部参照为信息加工的依据，环境对其个体影响较大。所以该应聘者在换工作时，表现出对公司的要求较高。招聘人员就需要分析该应聘者与自己所在公司的文化、价值观是否适合。

例 2：某应聘者在同一家公司经历过不同的平级岗位，最后选择离职。一家公司担任不同的岗位，在填写简历时会突出重点业绩部分，而如果每个岗位都是平分秋色，招聘人员需要分析清楚是该应聘者的适应或是业务能力强，还是刚好相反。该应聘者在求职时可能会存在求职动机不明确的问题，入职后离职风险也会相应增加。

例 3：某应聘者在不同公司担任同一种职位，工作内容基本一样。实际上，相同职位在不同公司工作内容不会完全一样，考虑应聘者可能是未作好职业生涯中的规划，自身也没有得到成长；另一种可能就是应聘者的简历是否用心编写，属于应聘者个人的态度问题。如果该应聘者的背景经历与招聘岗位相符，那么就可以考虑录用。

2.6 未卜先知：测评工具让你更了解他

测评工具可分为两大类，一类是可以直接观察到行为表现或结果的，包括如无领导小组讨论、情景模拟、考试、面试等。这部分个体素质常被形象地描述为漂浮在海洋表面上的冰山，是裸露在水面上的表层部分。另一类是心理测评，包括个体内趋力、动机、兴趣、个性品质等，属于隐藏于水下深层部分的素质，不容易直接被观察到且不受外界的影响而改变。但这部分对人的行为和表现起着关键性的作用。

心理测评在招聘面试环节是非常重要的一个环节，不同的工作岗位对于个体素质要求是不同的，需要通过不同的心理测评工具，提升个体素质和工作岗位的匹配程度。根据组织中不同的测评要求，通常会使用到的测评工具包括以下两种：

◆ 职业兴趣测评（Vocational Interest Tests）。

主要是测量工作与个人的兴趣匹配度。比较知名的是霍兰德职业兴趣测评。人岗匹配的两个方面内容：一方面是知识、技能、能力与岗位的匹配；另一方面是性格、兴趣与岗位的适应程度。霍兰德职业兴趣测评根据个人职业特性与职业之间的内在对应关系，将人格划分为六个维度：研究型（I）、艺术型（A）、社会型（S）、企业型（E）、传统型（C）、现实型（R），每个人的性格都是这六个维度的不同程度组合。

我了解到的企业当中，霍兰德职业兴趣测评主要帮助个人建立职业生涯规划，适用于校园招聘，初入职场的新人等工作经验较空白的人士。虽然兴趣是最好的老师，但兴趣只是增加了引导个体向更适合自己的职业发展的机会，而在该职业上是否有成就取决于刻意练习的程度。从这个角度出发，我个人认为霍兰德职业兴趣测评更适合职场新人，职场人士使用霍兰德职业兴趣测评则有局限性。职场人士在其职业中积累了多年的经验，在工作中产生了成就感，随着自我感效能的增加，在工作中也会越来越自信，这就是刻意练习产生的结果。

另一方面职场人士转换职业的成本高、风险大，从已熟悉并胜任的岗位调整到另一个全新领域的机会也较少，全新的领域对于个人而言是从零开始，职位或收入可能都会降低，全新的领域是否适合自我的发展也是未知数，增加了风险和不确定性。

◆ 人格测评（Personality Test）。

人格是一个人内在比较稳定的心理倾向和特征，是区别于他人的独特而稳定的思维方式和行为风格。人格测评可以在短时间内了解个人的性格、特质等内隐特点，帮助人力资源完成招聘、人才选拔、团队成员配置等工作。下面就现在比较热门的测评工具作出说明：

① DISC 个性测验。应用比较广泛的一种人格测验，把个体安排在管理情境当中，描述个体的优势、在工作中应注意的事项以及个体倾向性。

DISC 测评技术商业化程度较高，在国内很多公司使用普遍，也诞生了一批 DISC 的认证讲师。该测评简单易操作，能快速落地执行，可复制性较强。

DISC 分别代表的意思是 [Dominance（支配性）、Influence（影响性）、Steadiness（稳定性）、Compliance（服从性）]。在 DISC 个性测验中，人并不是被简单划分为四种类型，而是关注个体在这四个行为模式上的典型程度。根据个体的行为特征，每个人可能会有 1 ～ 3 个行为特征是比较凸显的，根据这些行为特征的强弱程度，可以形成 N 种组合，比如 DI、DS、DIC 等类型。DISC 更关注个体的行为特征，根据个体的不同行为特征绘制出不同风格的曲线，行为风格受环境影响的原因，在职场上形成的概率更大。

② MBTI 职业性格测试。MBTI 源于著名心理学家荣格的心理类型理论，MBTI 人格共有四个维度，每个维度有两个方向，共计八个方面。每个人的性格都会对应标尺上的某个点，越接近端点意味着偏好越强。

外向（E）和内向（I）

感觉（S）和直觉（N）

思考（T）和情感（F）

判断（J）和知觉（P）

MBTI 注重从心理类型分类，把人分为十六种，每种类型的四个字母代表人格类型，呈现优缺点和不同性格。清楚人格类型帮助你了解自己的思维模式和兴趣爱好，分析适合你的工作领域和职位。同时不同类型的划分可以了解人与人之间的差异性，理解不同的性格和处事方式，对个人的职业发展尤为重要。MBTI 现在已成为著名的性格测试工具，经过五十多年的发展，如今在个人职业选择、组织建设、内部沟通等多方面都有使用。

③大五人格测试（The Big Five）。

目前在学术界地位较高的一种人格测验方法，大五人格测试被认为是具有心理学量表基本结构的个性特征因素，这五种因素提供了丰富的概念架构，且整合了所有的研究成果和人格心理学理论。大五人格凸显本我的意识形态，更适用于高知人群的自我觉察。

大五人格测试因素包括：严谨性、外向性、开放性、宜人性与神经质人格特质。一般记为 OCEAN（海洋）或 NEOAC（独木舟）。O 代表 Openness to experience（开放性），C 代表 Conscientiousness（严谨性），E 代表 Extraversion（外向性），A 代表 Agreeableness（宜人性），N 代表 Neuroticism（神经质）。

④九型人格测试工具。该工具可作为自我测试使用，有助于更好地了解自身的优势和弱点。

2.7 虚实强弱：电话要约是门艺术

音是通过感觉和知觉对人的心理产生作用。声音的感觉是对音响信号辨认的最简单的方式。声音的知觉是个人主观反应的过程，根据个人的心理倾向去主动采集信息，提出假设，从而准确完整地辨认信号。声音的知觉常常是刹那间下意识完成的。HR 通知面试时，声音传达了语义信息，还附带了一些副语言信息，如说话者的性别、年龄、身份等。在电话通知应聘者时，HR 的声音是以某种形式向应聘者传递一个意义，激发一种情感的方式。

◆ 有礼貌是第一步。

应聘者和公司之间是完全陌生的，应聘者对公司的认识全部是从 HR 开始的，HR 的一言一行代表着公司的形象。当 HR 接通应聘者电话，HR 的语言要体现亲切、热情，注意礼貌用语。比如“×× 先生，您好！这里是 ×× 有限公司人力资源部，我是 ××，是专门负责招聘的 HR。我在网上看到您的个人简历，希望邀请您面试 ×× 职位，请问现在方便简单沟通一下吗？”HR 在表达中要做到声音清晰、吐字清晰，语气表达方面亲切、愉悦，始终保持良好的精神状态，才能给应聘者留下良好的印象。

当 HR 拨通求职的手机，因信号不好而听不清楚时，不要直接挂断电话，以免是自己单方面听不清而造成不好的印象。建议告知对方“对不起，可能是信号不太好，我听得不清楚，现在先挂断电话，稍后再拨打，请您注意接听。”第二次拨打的时间最好控制在 5 分钟以内，以免应聘者等待时间过长。

◆ 体现专业度是第二步。

在询问应聘者时间允许后，HR 可以开始跟应聘者交流。HR 应主动介绍公司所处行业、公司规模等相关信息，以及所招聘职位的工作内容、上下级汇报关系、公司办公地点等内容，以便于让应聘者了解公司的真实情况。再询问应聘者个人经验情况和应聘意向等信息。

在应聘者阐述时，HR 要耐心聆听，尽量不要打断应聘者的话，尊重应聘者。有的应聘者是发问型，发问型的应聘者可能是对职位感兴趣，而不断提出问题或是求职意向并不强，仅是进行职位之间的比较。HR 应以认真的态度回复其问题，期间可以通过提问来探究对方的需求并做出判断，主动邀请应聘者到公司来面试。比如 HR 可以说“从您提出的问题上看，我认为您还是非常专业的，对该工作岗位也有意向，我希望约您到公司来面试，以便于双方进一步了解”。如果应聘者的话语有责难或是批评性的内容，HR 应保持冷静并委婉解说，不能与应聘者争辩。

客观而言，听觉环境也会影响声音的体验，一方面，人听到声音或发出声音，声音对人产生“知觉意识”；另一方面，声音为环境着色，环境会让声音富有色彩，声音能够指引和反映环境。所以 HR 要分析应聘者所在的场合，如果对方在背景环境比较喧闹的场合，如公交或地铁上，需要稍提高音量，语速放慢，以免应聘者听不清而产生误会或因声音过大，让应聘者感觉盛气凌人。我曾经就有过在公交车上接听面试电话的经历，由于车上人多声杂，根本听不清对方说什么，HR 简单说了几句后，直接说发信息给我。因为这个公司知名度不高，我没有太多的了解，通知的印象也不深刻，放弃了去面试的计划。如果应聘者在背景环境比较安静的场合，比如书店，HR 要适当控制音量，语速适中，传递给应聘者亲切悦耳的声音。

HR 面对自己不是很清楚的岗位专业细节问题，要坦诚告知应聘者可以在公司面试时，由其直接上级做出详尽的解释，HR 也可从应聘者的问题中分析其关注点。

◆ 互留信息是第三步。

如果应聘者时间不允许，HR 则可以跟应聘者预约合适的时间再次致电，或是留下联系方式以便应聘者联系。HR 留给应聘者的联系方式可以是手机号、固定电话，我建议最好以短信形式发送给应聘者，以便于应聘者保存。若应聘者不考虑公司的职位，最好了解下具体的原因，以便于分析招聘可能存在的问题。同时可请应聘者利用人际关系帮助推荐，将应聘者的资料放入公司的人才库，适时进行回访跟进，也许未来会有合作的机会。

◆ 表示感谢是第四步。

结束交谈时，HR 要向应聘者表示感谢，如果是有意向的应聘者或是潜力应聘者，HR 应主动表示“希望跟您保持联系，未来能在工作上有机会合作”。最后是明确的结束语“再见”，等对方挂上电话后，再轻轻挂断电话。

第3章

面试是个技术活

3.1 首因效应：初次见面的印象

人与人交往的第一印象影响着我们后期的交往，原因是第一印象形成时所获得的信息比后来获得的信息影响更大。第一印象一旦建立起来，便会对后来所获得的信息产生强烈的定向作用。作为人力资源从业者，因为受到应聘者工作经验、生活背景等首因效应的影响，HR 对于后来获得的信息，也会按照先入为主的最初印象来判断，从而影响人才选拔的结果。多年前的一场面试经验，让我认识到作为一名 HR 了解首因效应的重要性。

自从公司 T 区域的运营经理离职，一直没有合适的人选来接替，T 区是一个很难招聘中高端人才的区域，这个职位空置了有 1 个多月，目前由其他区域运营经理临时兼管。值得高兴的是，上午接到了 David 的电话，他担任过 L 品牌 T 区域运营经理。David 的简历是 HR 主动在网络上搜到的，通过近半个月的电话沟通下来，他是我有意向的应聘者之一。David 告诉他明天到北京来，可以见面聊一聊。

随着 David 的话音落下，我的脑海里迅速开启了人物背景扫描模式：L 品牌跟我们同属一个品类，但消费群体定位不同，L 品牌的市场占有率比我们品牌高，是一个挺有发展潜力的知名品牌，也是我们经常关注动向的品牌之一。他们公司的员工在业内以“有冲劲、高抗压”而著称，在完成销售业绩方面有很多高绩效员工。David 能在这个公司工作，想必他的个人经验、综合能力会符合我们预期的人选。我对明天的沟通充满信心，想到空缺多日的岗位终于能有新人到岗，便开心不已。

第二天上午，David如约来到公司。虽然初次见面，却感觉已经是熟人了，毕竟我心里期待了这么久。David看起来30多岁，外貌跟真实年纪差不多，针织外套加衬衫给人一种干练的感觉，商场上摸爬滚打十多年，没有很浓的“江湖气”，居然还有一丝腼腆的感觉。潜意识里好感自然上升了，David应该是运营经理的不二人选。

其实，当HR第一次见到应聘者时，彼此的首因效应心理就已经产生了。首因效应也就是第一印象，是最先接收的信息所形成的最初印象，后来接收的信息只是被整合到这个记忆图式中去，即这是一种同化模式，后续的信息被同化进了由最先输入的信息所形成的记忆结构中，因此后续的新信息也就具有了先前信息的属性痕迹。知名公司的光环效应，应聘者的外貌辐射效应都会影响首因效应。David的知名公司背景和干练的外表让我对他产生了不错的印象。光环效应在交往中会被夸大认知，HR会受光环效应的影响过滤掉很多重要的信息，从而可能做出错误的主观选择。

我跟David的面试正式开始了，主要面试的形式是非结构化问题访谈。

先请David进行自我介绍，整个从业经验跟简历上的一致。通过David的陈述，我也详细地了解了他的主要业绩和表现情况，比如说他是如何带领团队达成业绩指标的，空白区域的拓展是如何保证结果的。David在职期间正是L品牌在T区域的快速发展期。

David有7年多的工作经历，换了2家工作，平均一家3年左右，跟随的是同一个上级，现在离职的原因也是上级的区域变动。David的学历是正规全日制市场营销大专毕业，之后没有过学历方面的提升，只是参加过公司的内、外部综合能力，营销方面的系统化培训。

我思考了两点：一是直接上级对David的影响，跟随多年的老领导，是否会一声召唤，便立马重新投入其“怀抱”呢？对招聘的潜在风险较大；二是学历方面虽然不是最主要的，但我个人一直认为提升学历教育可以改变知识架构，使思维系统更全面和深入。于是，我开启了新一轮的对话：

我：更换第二份工作时，为什么会追随你的直接上级？

David：这几年，老大一手把我从店长带到区域（片区）经理，再到整个T区区域经理，我很感谢他的培养。

我：让人追随的领导也是挺有个人魅力的，你觉得他吸引你的是什么？

David：老大能帮助我一直成长，而且给了我很大的发展空间。最主要的是他对我的指导，让我从不懂运营到能够胜任。

我：嗯，刚才听你说直接上级调职了，有没有机会带着你到新的区域？

David：老大调去的区域离我家太远，嗯，再加上孩子现在也小，家人也不支持我调得太远。老大有意带我去，但公司对于调动是有规定的，所以可能也是个障碍。

我：可以考虑留下来继续干呀，为什么考虑离职呢？没准哪天你老大又调回T区了呢？

David：我仔细想了想贵公司的发展平台对我更有吸引力（微笑）。

我：如果入职我们公司，直接上级是异地汇报，这种汇报形式你怎么考虑？

David：现在通信很发达，视频、电话、邮件都没有问题，我也可以接受定期短期到总部开会、培训。

我：对于学习方面，您大专毕业后，为什么没有考虑再提升下学历方面的教育呢？

David：我们公司的E-learning培训系统很强大，有很多体系的课程需要我们下班后在线学习，我想还是学一些更多实用的，用于工作上的课程比较好。

对于David的回复，想来是合情合理的，虽然总是有种“似乎没有切中重点”的感觉，但有可能是他说话风格的原因吧。虽然我已有了质疑，但首因效应影响我继续探索的动力，所有问题的归因也被自我消化了。还有T区运营经理很难招的事实也加速了我解决问题的速度，着急的心态让我忽视了冰山下“本我”的素质模型。从我的首因效应心理角度出发，强化了David的态度很端正、沟通良好的印象，扩大了L品牌的影响效应，并合理解释了这种现象：哪里有 100% 合适的人？

之后的两轮复试也比较顺利，David 被公司录用了。正式上岗后，David 的工作表现挺主动积极的，区域店铺的管理、跟各部门的沟通，从同事到领导都认为他是不错的人选。但遗憾的是，三个多月他就离职了，当时提出的原因是不适应公司的岗位，事后向他本人了解到独自管理整个 T 区稍显力不从心，他习惯了原来有个直接上级，工作由他去执行，决策由直接上级来做，属于跟随型的管理者。

可以说这场面试是失败的，作为一名面试官应清楚地了解首因效应的心理，时刻警示在面试过程中新的信息出现，以便作出更客观的判断。

3.2 知己知彼：当面试遇到简历中的水分

随着计划经济转向市场经济，原来个人档案、户口必须跟随着工作单位的现象已被改变，越来越多的企业在招聘员工时，仅看个人提供的求职简历，简历已是现在职场人士找工作的敲门砖。简历的编写由应聘者自行完成，格式可参考专业招聘网站上的模板，也可自行设计，目的都是说明应聘者以往的工作经历。正因如此，验证简历的真伪是个有技术含量的活，我在以往的招聘中遇到过简历“夸张”、“造假”或是“隐藏”的情况。现在一些招聘网站上启用了职场信用评价，应聘者邀请同事为自己曾经工作过的公司、工作时间和工作岗位等信息证明，越多的工作经历被同事证明，个人的职场信用度也就越高，就越能提升个人的职场信誉度，从而增加招聘单位的录用概率。

正因为如此，在面试中 HR 不仅要有人力资源的专业度，还要具有“去伪存真”的识别能力，通过在面试时对应聘者心理状态的洞察，分析出简历中可能存在的“水分”或是挖掘出应聘者“隐藏”的部分。即使不能全部还原应聘者的真实信息，也可以了解应聘者当时的心理动态。建议 HR 面试前，提前了解应聘者之前工作过的公司信息、行业背景、产品情况，如果能通过其公司网站等渠道，了解到公司的组织架构、管理人员等内部信息就更好了，通过内部和外部的资料信息，了解应聘者所在公司，在面试时可以有针对性地提出问题。如果HR说到了应聘者所在公司的一些真实情况，在应聘者心里也会认为HR是了解“行业内”的人了，在回答问题时会提高内容的真实度。

根据我以往遇到的面试情况，求职简历中公司信息、工作经验被夸张、夸大的占多数，而工作时间、职位、学历证书造假的居多。夸张、夸大的工作经验部分是HR要识别的“含水量”，挤掉水分后的实际工作经验能否满足岗位的需求。而造假部分是HR应该严防死守的“底线”，无论哪种成分的造假，都是不诚信的表现，我想哪家用人单位也不愿意录用突破道德底线的员工。在实际的面试过程当中，简历的夸张和造假会存在以下几种情况。

◆ 借助大公司的光环背景。

每一个行业总有几个凤毛麟角的佼佼者，知名度高的公司有一定的光环效应，来自知名公司的应聘者更容易获得面试官的认同。实际上有的公司可能是被知名大公司刚刚收购，或是注资入股的参股公司，也有可能是只有业务合作或代加工产品，其实际的内部运营和管理完全跟知名大公司无关，但应聘者在写简历时会写上知名大公司的名字，以增加简历的“含金量”。之前我遇到一名应聘者，当时简历上写的是正供职于一家行业内的巨头公司，所在岗位是运营部门经理。面试开始前，我就对一些问题做了标注，比如：

询问应聘者是如何从一家普通公司成功入职行业巨头的，目的是弄清录用原因。从应聘者的求职机会分析其成功面试的可能性，也可以从应聘者在行业巨头的面试情况，录用优势，在职期间的汇报关系等入手，本人参与的各种细节判断他说的真实性。从应聘者平时工作打交道最多的部门，从其日常的工作情境识别其工作流程是否合理，从而判断应聘者简历的真伪。

第一项的回答，我认为是合情理的，应聘者入职行业巨头公司的原因是这块业务是属于新开发的，而且应聘者入职时是主管职位，直接向部门经理汇报，后来经过内部竞聘而晋升成经理。面试、录用环节中了解到应聘者的劳动合同并不是跟行业巨头公司签的，因为他所在的公司仅是行业巨头的业务外包公司，后面也了解到他联系最多的是销售部门，业务规则是由销售部门跟行业巨头沟通后提出要求。

◆ 工作业绩方面的夸大。

常见的描述性语言如下：

①入职半年内，将人员流失率从25%降低到5%。

——无论是职能部门的经理，还是业务经理，改善人员流失率是个系统的工程，跟招聘、薪资、福利、劳动强度、文化氛围、直接上级等诸多因素有关系，如果是人数众多的公司，单凭个人的力量在较短的时间内降低流失率的可能性较低。对于一项指标，HR要考虑该项指标涉及的变化因素有哪些，根据自己的知识储备来判断其可靠性。

②负责的某项产品销售业绩提升了30%。

——参考的对比时间是什么时候，产品改变了还是毛利降低了，销售（市场）策略调整了吗？团队换人了吗？激励方式有变化吗？看到这样的描述，我通常会从相关问题入手，如果一切没有发生变化，为什么销售业绩会提升30%？难道是客户的消费习惯突然发生了改变？关于业绩的提升，有时由于企业有政策性调整，比如公司降低了利润，这跟应聘者没有直接关系，HR要区分出是否跟应聘者的个人能力有关。

单纯通过销售业绩的提升来判断应聘者的个人能力，是不准确的。

◆ 所负责部门人数夸大。

为了体现自己的管理能力，证明自己驾驭的团队是有一定规模的，应聘者可能会夸大自己所管辖的人数。比如一个人的小型公司，HR团队配置5名员工，通常来说这样的匹配是不科学的。

HR要根据自己的经验判断应聘者的说法是否合理。

◆ 完成的工作业绩过于全面，超出了正常时间内的进度，比如接触过的一位分公司总经理的简历，其所在的分公司是新成立的公司，简历中提到一年之内在空白基础上完成了团队建设、生产线及仓库的选址和建设、ISO 9000体系认证、物流中心建设、全面预算体系、内控体系的执行、营销平台的整合等内容。经过与应聘者了解，这些事情有些是正在起步的，有些是计划过几年要做的，而写到应聘者的工作业绩中就难免有夸张的成分了。

◆ 个人材料造假。

工作时间、职位、学历证书等造假的较多，对于工作时间、职位造假，HR可从离职证明、社保证明等资料做辅助验证方法，同时借助背景调查的方式来核实。必要的话可借助专业的第三方背景调查公司来实施。对于学历证书造假，可从学历网站或学校直接查询。

◆ 简历中被隐藏了的内容。

有的应聘者可能工作年限较长或是能力较强，在公司负责的工作已超越本岗位工作职责，应聘者担心写得太杂反而影响了自己的专业性，所以在简历中没有体现这部分工作内容。这部分内容对于HR判断应聘者来说，可以了解到应聘者的工作态度以及工作量，通常来说愿意多承担工作的人在行为表现方面是积极的，也有愿意主动承担工作的倾向性。值得注意的是，用人单位的HR应该评估招聘岗位的工作量与应聘者的能力工作量的匹配程度，考虑增加工作内容也是激励员工的方式之一，所以要想用好这样的员工还是需要从多方面来考虑。

3.3 揭秘面纱：看清离职的潜在原因

作为一名HR，我也经历过大大小小的跳槽，其中有公司的原因——公司搬迁到外地，也有我个人的原因——个人为了寻求更好的职业发展。因此，每当听完应聘者自述的离职原因，我便反思自己的离职原因，我为什么会离开原来的岗位，除了不可控的因素，什么原因促使我做出主动跳槽的选择？

我想我的答案是多方面的，有理性的一面，也有感性的一面。

但有一点我可以肯定的是，员工是经过某一件事情而在心里埋下了离职的种子。不同的是，有的经过时间的发酵慢慢演变成了必走的念头，有的经过内部或外部原因的影响慢慢自我消化掉了。通过不断对自我内心的窥探和分析，也折射到我的职业当中——对应聘者离职原因的深入思考。

每当应聘者告诉我离职原因的时候，我都会想员工的这个想法是在什么时候产生的？在什么条件下产生的？因为员工一旦有这样的念头产生，他的行为也会随之发生变化。比方说，开始留意新的工作机会，关注市场同样工作岗位的薪资等，虽然由于各种原因没有马上离职，但一旦遇到合适的工作机会，他马上会选择离开。因为有了跳槽的想法，对现有工作付出是否一如从前？员工的入职和离职带来的不仅是高成本，也是工作效率的降低。所以作为 HR 在面试的时候应该对应聘者离职的潜在原因做出分析，以帮助判断其入职的目的是否与我们的预期一致，从而降低应聘者入职后的离职比率。

单从个人的求职简历时间来看，有的应聘者有着两家以上公司的工作经验，但每一份工作时间都在 1 ～ 2 年。我个人认为跟应聘者的个人关系更大一些，有的应聘者属于“不满足型”，他们积极主动，在工作中努力积累工作经验，工作之余也认真学习专业知识，一旦公司的平台在薪资、职位或是个人发展方面短期内达不到他们的预期，他们跳槽的概率就大大增加。有的应聘者属于“追求新鲜型”，他们在一个岗位上工作一段时间，认为工作没有挑战或是公司没有什么吸引力，也会想要重新寻找工作机会。

有的应聘者可能是“安全感不强”的人，在公司一直找不到归属感，这跟个人的适应能力有关，也可能是很难融入公司文化和团队，从而处在不断的选择工作中。还有可能应聘者是没有想清楚自己的职业定位，过于看重自己的才能，永远在追求自己理想中的工作机会。

有的应聘者原来在一家知名的企业工作了很多年，跳槽到一家规模较小的平台工作，因工资增加了，职位提高了，离家近了等具有吸引力的条件而入职，实际工作没多久就选择离开了，理由是不太适应公司的文化。大公司的文化、制度等建立全面、流程规范，而发展中的小公司各方面正在完善中，就好比应聘者原来住在家电齐全的别墅，现在换到了正在装修的房子内，虽然有了工资、职位等外在诱因作为吸引条件，但应聘者还是发生了“水土不服”的现象。这种情况可能有两个原因：一是提供的外在吸引条件没有达到应聘者的补偿心理标准，即应聘者现在拥有的跟所付出的相比没有达到预期；二是应聘者多年的工作习惯，心理上更倾向于遵守规则而不是创造规则，面对这样的员工时，公司在帮助员工适应和激励方面投入会更多，时间和成本也会更多，所以作为HR在面对该类应聘者时，需要了解应聘者选择一份工作的真实诉求。

有的应聘者说，我们公司搬迁到离我家较远的地方，所以我选择了离职。看似并非个人的原因，问题是市场上工作机会很多，应聘者为什么要选择入职这家新公司？这个问题要从应聘者的动机来看，应聘者可能根本不了解新公司，刚好接到了面试通知，一听职位也符合要求，待遇跟之前也差不多，反正现在离职了，先看看。存在这种心态的离职者是相对不稳定的，因为他们对自己的定位不清晰，更容易受到外界的影响而动摇。

应聘者因上级原因而离职的也占一部分比例，有的可能是新换了上级不适应，有的可能是自己的上级更换太频繁，作为HR就要了解应聘者能够匹配的领导风格。

3.4 不拘一格：不一样的面试形式

我以往参加的大多数面试都是开放式的，在面试官与应聘者沟通的过程中，通过对应聘者以往工作内容的了解，分析应聘者的性格特点、工作能力、工作经验与公司岗位的匹配程度。开放式访谈的面试形式与面试官有较大的关系，可能会受到面试官的个人能力、性格、情绪的影响，同时应聘者也会因个体的不同在面试中表现不同，比如性格外向的应聘者更擅长表达，在面试中录用率也会更高。所以为了在面试中将面试官的个人原因降到最低，有三种比较专业的情境面试供用人单位做人才选拔。

◆ 公文筐测验面试，也叫公文处理测验。

公文筐测验面试主要考查应聘者的敏感性、合作精神、控制能力、独立性、判断力和决策力。通常用于管理人员的选拔，预测效度是比较高的。文件筐测验的实际操作也如其名，提供给应聘者各种资料，如待处理的合同、制度、报告、财务报表、账单等，随机放在公文筐内，可以要求应聘者根据材料的紧急或重要程度列出行动计划，或是撰写某项任务方案等。公文筐测验是模拟实际的工作情境，将应聘者置身于工作情境中并完成一系列测验。

面试官可以利用这种方法考查应聘者对工作的整体把控能力，快速判断及决策能力、书面表达及理解能力等综合知识能力体系，同时面试官通过现场对应聘者的直接观察也能了解应聘者的性格特征、处事风格等，从而预测应聘者的胜任能力，可以评估应聘者与现有团队及价值文化的匹配程度。

凡事都有两面性，公文筐测验在实施中也面临着两个主要问题。

一是费时、费力、成本高。由于是情境测验题目，所以对于题目的设计、编写、实施都需要较长的时间完成，人员投入的精力和费用比较高。二是对公文筐测验材料的内容编写有一定的要求，编写者的知识、经验、逻辑判断和知识体系都会影响测验材料内容，因材料内容的原因可能出现“地板或天花板效应”——题目太难选不到人或题目太简单挑不出人的现象。三是评分标准因面试官理解不同，也有一定的差异，评分结果不太容易做到完全客观。

◆ 无领导小组讨论。

该方法主要考查应聘者的自信心、口头表达、反应力、情绪控制、人际关系协调等方面的能力。一般是 6 ～ 12 名应聘者组成一个临时的团队，共同完成一个指定问题讨论。团队中的角色主要包括主导者、计时员、总结人等，一般不分配角色，也不指定负责人，而是让应聘者自行组织和安排，观察应聘者在临时团队中的表现。

无领导小组讨论的问题可以分为五种：开放式问题、两难问题、多项选择问题、操作性问题、资源争夺问题。举例说明：

你认为优秀的领导力是什么？

你认为外向型性格适合做领导还是内向型性格适合做领导？

团队绩效差的原因是什么，列举十项备选答案等。无领导小组讨论时，因应聘者扮演的角色都是现场直播，所以便于面试官观察各应聘者的表现，了解应聘者的性格特点，包括应聘者的优势和不足，让用人单位能更加清楚地判断该应聘者是否适合所应聘的岗位。

◆ 结构化面试。

结构化面试是一种行为面试法，主要是根据应聘者过去实际行为的事例描述评测其胜任能力。结构化面试按照标准化的流程，以关键事件的分析结果为依据，对应聘者面试时的回答做笔录，面试后多维度回顾并给予评分结果，为录用决策提供科学依据。结构化面试是由“特定的考官团队”通过“特定的环境”，用“特定的面试问题”考核面试者的“特定素质”。相比较传统面试，结构化面试更标准化、更公平、更能有针对性地凸显应试者的能力。

3.5 望、闻、问、切：用人部门的面试官不难缠

HR 在招聘这件事上，面对应聘者要具有专业化的面试技巧和识人方法，此外，还要练就一身与用人部门打交道的本领。凡是 HR 都知道现在的招聘现状，合适的人才可遇不可求，在几十份或是上百份的简历中，难得有一个应聘者能得到用人部门的认可，HR 积极主动、满心欢喜地提交录用审批时，用人单位的回复可能是一句再看看，再比较一下。用人部门提出用人需求时火急火燎，但在这时候画风突变，好像不再着急了，导致 HR 有种“皇上不急，太监急”的感受。

虽然 HR 在人才招聘、选拔时会用到测评技术，可具体到与用人部门推荐人员，总不能给用人部门的领导也做个测评，看看他是哪种风格再“对症下药”。与其说没有这样的机会，不如说即使有这样的机会，测完了在招聘

工作方面如何应用呢？我认为了解对方的认知风格更利于推动招聘目标的达成。因为人格测评是对整个人格的分析，具体解决问题的方法，还是跟个体偏爱的信息有关，即个人的认知程度。人力资源部负责办理录用手续的 HR 可能是专员、助理级别，推动的对象是用人部门的经理，出现工作推进不动的时候，HR 会想“是不是我级别低的原因”，或是会产生“他这人老是这样，一到关键时刻就掉链子”的归因方式。了解心理学中的认知风格，HR 相信对方处理问题的方式有不同的视觉角度，在面对同样的问题时也能有的放矢地去应对。

例如，张经理负责公司产品部，最近因为业务扩张需要招聘跟单员。HR 主管小曼正在向张经理推荐应聘者，张经理先问清楚了小曼录用的流程，每次都会提前跟小曼确认面试时间，在进行面试前询问小曼对应聘者的看法。

他告知小曼，希望能够提供三名应聘者作为选择。在每次复试后立即就跟小曼反馈他的建议，并告知他的意向。张经理在签字录用前，也会跟分管领导沟通选人的想法，听取分管领导的建议。最终小曼在跟张经理愉快、顺利的合作中完成了跟单员的招聘工作。小曼甚至开玩笑地说：“下次张经理招聘给开后门，优先安排应聘者面试”。

再来看看小曼跟李经理合作招聘的情况。李经理负责公司的市场部，因策划主管岗位人员离职而需要重新招聘一名新员工。李经理是出了名的不按常理出牌者，经常跟小曼说策划人员头脑要灵活，对市场要敏感。面试前应聘者先提供文案，文案合格才能约见面试。终于遇到李经理认为合格的文案，但面试之后又会提出新的问题：比如认为应聘者音乐感不强，后来小曼了解到公司有意向合作一档以音乐为主题的活动，策划主管的人员选拔会考虑这一项。本来岗位需求调整是没有问题的，但关键小曼完全没有听李经理提过这一个新需求。千挑万选中终于确认了一名应聘者，却被李经理的口头禅“我再考虑一下，小曼你别着急”。每回跟李经理沟通完，小曼的内心都是崩溃的，她常说：“李经理在她心目中像雾像雨又像风。”

HR 在遇到张经理和李经理式的合作伙伴时，估计大部分人都会站在张经理的队伍里，当然我也是愿意和张经理配合工作。从认知风格来分析张经理和李经理，让 HR 知道可能导致了两位经理在行为上千差万别的原因。按照认知风格的分类来了解张经理和李经理的认知风格，我认为有两种分类方式比较有利于 HR 对不同的人做进一步的了解。

一类认知风格是从外部环境对人的影响程度来做的分类。根据美国心理学家威特金提出的场性理论，根据人的认知风格不同，将人格分为场独立型和场依存型两种类型。场独立型的人不易受暗示，善于发现问题，但社会敏感性差，不善于人际交往。场依存型的人易受暗示，不擅长找出问题的关键，但社会敏感性强，擅长处理人际关系。由此为理论依据进行判断，张经理在认知风格上倾向于场依存型风格，其关键行为有“清楚小曼录用的流程”、“在签字录用前，也会跟分管领导沟通选人的想法”。

而李经理则更倾向于场独立型风格，其关键行为有“面试之后又会提出新的问题”，以及来自同事小曼的评价“不按常理出牌者”。

另一种认知风格是按个体内部的不同来做的分类。卡根等人提出了两种不同的认知风格：冲动型和沉思型认知风格。他们的主要差异表现在对问题的思考速度上。冲动的特点是反应快但精确性差，面对问题时急于求成，属于整体性信息加工策略。沉思的特点是反应慢但精确度高，总是把问题考虑周全后再做反应，他们看重解决问题的质量而不是速度。那么，张经理在认知风格上倾向于“冲动型”，其关键行为有“在每次复试完立即就跟小曼反馈他的建议，并告知他的意向”。李经理更倾向于“沉思型”，其关键行为有“我再考虑一下，小曼你别着急”。

HR 在了解了不同的认知风格后，与不同的部门经理打交道时就相对容易一些，对于他们的行为表现也会理解。比如张经理规范性好，HR 可以适当夸奖，让他继续保持规范性。而他在录用人方面虽然爽快，但可能会考虑不周的地方，HR 可以从专业角度再给予提醒考核的维度，以免录用的人员不合适岗位需要。而李经理按自己的惯性做事，HR 要强化他在流程方面的意识，按规定的步骤完成招聘。在录用人方面，HR 可以先从几个重要方面做出分析，再跟李经理探讨应聘者的优劣势，招聘的成功率就可能会大一些。

3.6 火眼金睛：背景调查来点真的

随着公司用人成本和风险的增加，公司在应聘者入职前做背景调查也越来越普遍。职场上所谓的背景调查，其实是对应聘者的个人信息、工作经历、商业利益冲突等情况进行证明和核实，目的是看应聘者简历呈现的内容和实际的情况是否一致，而并不是做侦探和判断的功能。据一家知名的第三方调查机构透露，在他们调查的十多万份简历中，有 20% 的应聘者的简历有不同程度的造假和夸大，所以背景调查的必要性可见一斑了。

HR 在做背景调查前，公司会让应聘者提供需要调查的工作背景的证明人及联系方式，证明人通常会要求是其直接上级和同事、前 HR 负责人。我个人认为，对公司而言，背景调查的意义是告诉应聘者公司的态度，公司是要求在诚信的基础上选拔人员，同时背景调查的行为也给应聘者起到了心理警示的作用——弄虚作假的应聘者不予考虑。在我遇到的应聘者中，也有不愿意配合做背景调查的。曾经遇到过一位应聘者，觉得他现在的工作情况是个人隐私，他离开了原来的公司就不愿意再与他们有来往。在我当时的公司，一定级别的员工做背景调查是“刚需”，所以很遗憾没有录用该应聘者。站在 HR 的角度需要考虑，应聘者不愿意做背景调查的动机是什么？如果是真的在乎个人隐私，不愿意与之前的任何一个同事来往，HR 就需要考虑到，是否在原来的公司人际关系处理得不好，是应聘者个人性格的问题，还是可能隐瞒了其他真实情况，比如被辞退。

按背景调查的执行方不同，将背景调查分为三种类型：

◆ 第三方背景调查机构。

背景调查公司不参加用人单位的招聘，根据用人单位的要求做背景调查，由用人单位付费给调查机构。用人单位提供的应聘者简历及应聘者个人提供的证明人，证明人通常要求直接上级+HR。背景调查机构通过自有的数据库资源和证明人访谈，对应聘者的个人信息、工作经历、薪资数据、劳动争议、离职原因、竞业协议、犯罪记录、商业利益冲突等信息进行核实，出具专业的信息核实报告。这种方式的报告是客观的、可信度高，但相对的成本也会较高。一般按人数及调查的模块项目收费。

◆ HR直接做背景调查。

出于对调查成本的考虑，绝大多数公司的HR会自己完成对应聘者的背景调查。由于HR是招聘者也是背景调查者，已准备录用应聘者，说明HR是认可应聘者的，也希望应聘者能通过背景调查，顺利入职公司。所以在对应聘者做背景调查时，容易受到“准备录用”心理暗示性的干扰，而放松在背景调查过程中的警惕性和敏感度。如果招聘到了不合适的人员，办理离职的成本及风险将极大增加。

我在进行背景调查时，通常会从不同的渠道开展工作：一是直接请应聘者提供原来公司的直接上级和HR，同时也让应聘者对他们进行评价，从这点也可以再多了解一些应聘者性格特征，他对原来公司同事的评价有一定的借鉴性；二是找行业的人推荐，通过熟人或是朋友介绍可信度较高的人，然后把需要了解的问题提前准备好直接询问即可；三是通过网站查询应聘者所在的公司，如上市公司、行业领先的公司会在网上有宣传，可以获得部分人员信息，如会有职位较高的应聘者相应的信息。

HR在实施背景调查时，可以直接告知对方来意，向原来公司的直接上级了解应聘者的工作业绩（是否胜任）、团队合作（性格、品德）、综合能力（抗压能力、沟通能力等）、个人成长（职业规划）等方面。向原来公司的HR可以了解应聘者的基本信息、录用时间、离职日期、薪资结构、是否有劳动争议、违纪行为、竞业协议等。背景调查的时间尽量不要过长，以免引起协助调查的人员反感。在选择背景调查时间方面也应注意，HR下班前一小时，通常是心情比较愉悦的时候，选择这个时间打电话对调查的详尽程度也有一定的帮助。

HR 在做背景调查沟通时，一是要注意聆听应聘者的原直接上级和 HR 的话外音，比如对方说表现还可以，工作还可以，这两个评价会被打了几分呢？二是评价工作业绩、团队合作、综合能力时应聘者有哪些具体行为表现，为什么说应聘者是高绩效员工？他的团队合作好体现在什么方面？在哪件事情上体现了应聘者的抗压能力？以询问的口气请对方提供应聘者具体行为的例子，以增加对应聘者背景调查的可信度。

大部分的应聘者和原来公司的直接上级和 HR 关系都是不错的，用人单位在做背景调查时，对方可能会说“还不错”“人挺好的”，HR 可以提出“应聘者还需要参加哪些方面的培训”，请其给出建议。通常来说给出的都是应聘者有待于提升的空间或是不足的地方。

◆ 猎头公司做背景调查。

猎头公司与用人单位签订了招聘协议的时候，会根据客户的需要提供收费或免费的背景调查服务。因为猎头公司作为提供用人服务的机构，同时也是背景调查的机构，HR 要事先了解清楚猎头公司做背景调查的流程和程序，以免因急于招聘入职而忽略了调查的质量。

3.7 张弛有度：录用谈判中的试探性

在我的求职经历中，我曾被一家公司决定录用，用人单位的 HR 助理电话通知我时，与之前谈的薪酬严重不符，使我的情绪波动比较大，以致最后放弃了这家公司。

记得那家用人单位是一家科技公司，规模不大，主要包括 30 多名研发人员。我应聘的职位是人事行政经理，第一天二老板初试，第二天大老板复试。大老板在复试后问我的期望薪资及入职时间，考虑到用人单位离我家较近，公司发展前景、企业文化也不错，我对公司还是有一定的意向，所以我的薪资期望值跟上家公司一致。大老板明确告诉我，如果被录用的话，我要求的薪资可以达到。但他们还有几名应聘者要复试，综合考虑后会由 HR 主管给我回复。引荐我面试的是 HR 主管，电话通知我的是 HR 助理。以下为我与 HR 助理的对话（括号内为我的心理活动）：

HR 助理：G 小姐，您好！很高兴通知您被我公司录用了。

我：非常感谢贵公司给予我的工作机会。（很高兴被认可，录用好快，这家公司办事效率神速。）

HR 助理：您的岗位为人事行政经理，薪资为 8 000 元。

我：嗯？薪资跟当时老总跟我谈得不一致啊，我谈得是 9 000 元，比您刚才说的薪资高 1 000 元。您能帮我再确认下吗？（应该是弄错了，可能是老板没有告诉 HR 主管，请 HR 主管跟二老板再确认下，应该没有太大问题吧。）

HR 助理：G 小姐，情况是这样的，我们每个岗位都有薪资标准，面试的时候老板应该跟您提到了由 HR 来通知您，也是让我们按照薪资标准来执行的。

我：可是我在现场跟老板确认，老板说我的薪资要求可以达到。（怎么能说话不算数？这样的公司，入职后恐怕也……）

HR 助理：我们针对人事行政经理岗位确定的薪资是 8 000 元，对所有应聘者都一样的。跟您一起参加面试的应聘者有一个也不错，他是从大公司出来的，也是这个薪资标准。

我：……（应聘者之间的综合比较不应该是在录用通知前吗？不应该作为通知录用我时的谈判筹码，有点不快）

HR 助理：我跟您确认下可以入职的时间，我好给您发录用通知。

我：薪资部分我还是觉得跟当初谈得不一样，想麻烦您帮我确认下。（虽然心理不爽，但还是想了解下原因，是重新评估还是其他原因。）

HR 助理：我感觉这样对您不好，您入职工资横向比较太高，可能也会对您不利，所以我想您是否可以接受这个 offer。

我：既然这样，我想我就不考虑了吧。（“欲加之罪，何患无辞”，承诺和实际的薪资不一致，反而对我不利。为什么会对我不利？）

HR 助理：您这样我也很为难……

我：那谢谢您了。既然这样的话，我就不考虑了。谢谢了！（什么公司啊，还好没入职。）

HR 助理：嗯，那先这样吧，我会跟老板反馈！

正值中午时间，我忙着去吃饭了，没过几分钟，HR 助理又打来电话告知可以按我的薪资要求发放录用通知，我回复需要考虑一下，其实我在挂下电话的那一瞬间，心里已放弃了入职的机会。我不知道是 HR 助理为了表现在控制人工成本上的能力，试图压低我的薪资水平，还是老板要求 HR 助理跟我再压压价，沟通中的“试探性问题”改变了我对公司的看法，遗憾地让我与这家公司擦肩而过，对于我或是该公司可能都是损失。从成本控制的角度考虑，用人单位的 HR 助理算是敬业了，通过各种试探性的方式试图降低我的薪资标准，但结果却没有达到目的，不过这段经历也带给我很多的启示：

◆ 专人负责跟进。HR 团队是有分工的，在团队内也是各司其职。有的公司接待面试人员的是招聘的 HR 主管，发放录用通知时是负责薪资的 HR 助理，解答各种问题的是 HR 经理。应聘者的心理对每一个人都有“陌生感”，双方沟通的时候也会各有顾虑，特别是没有见过面的双方，在沟通时彼此可能就是例行公事，几乎没有感情基础。

◆ 保持内容一致性。一般应聘者入职会有初试、复试，有的公司还会有“三试”，即再加一场复试。参与面试的负责人对录用标准、工作经验和招聘条件（工作岗位、薪资、福利等）要统一。比如对于出差的描述，一个月一次。

销售人员可能会描述为有时出差，也可能描述为经常性。HR 建议最好用量化的、客观的描述：基本上一个月一次的频率，能否接受则取决于应聘者自己。对于这些重要内容提前确认好，面试后再与面试官沟通，应聘者有没有超过预期标准的特殊情况，以便于做出相应的调整，保持内部信息的一致性。

◆ 重要的问题当面谈。薪资、福利等重要信息当面沟通清楚，对于应聘者的心理活动能随时掌握。有时应聘者的薪资要求确实超过了公司预算，面对面的表达，以及公司未来的发展，让应聘者感觉到诚意，更能打动应聘者。

◆ 说话更注重对方的感受。我们常说要有同理心，HR 的同理心在吸引应聘者时特别重要。应聘者对公司的了解是从 HR 开始的，换位思考能与应聘者产生共情，也就知道如何表达，才能让应聘者心里更舒适。

第4章 面试官解析微表情

4.1 明眸善睐：眼力见儿不是一天养成的

从小就被父母教育做人要有眼力见儿，懵懂的我还不太明白“眼力见儿”的含义。当我犯错的时候，爸爸妈妈批评时，通常把我拉到面前，严肃地让我看他们的脸，不明故里的我看着看着就笑了，忘乎所以时还拉扯他们的脸，爸妈最终也被我的举动逗笑了，他们完全忘了当初的目的，我也全然陶醉在自己的内心小世界中。

上中学的时候，因为爱说笑并经常热情地给同学做“思想工作”。记得有位要好的同学转学了，学长情绪很低落，作为“八卦亲友团”成员之一，在放学后我们主动邀约陪学长回家——安慰兼学习。一起回家的路上，学长低头不语，我想学长应该需要的是开心，于是化身成叽喳的小鸟，倾尽我所有的知识储备，讲着不同的笑话，希望学长通过乐一乐开心起来。很快我当上了相声的主角，其他的小伙伴们充当着捧哏的角色，一路上我们把自己逗得哈哈大笑，学长的脸色却没有太多回转。最后到了学长家门口，学长借故说想自己想安静一会儿，让我们先自个回家。幼稚的我有点意外，说好的是来安慰学长的啊，我以为是学长客气，所以并没有打算走，但学长也没有打算邀请我们进家门的意思。在面面相觑几分钟之后，其中一位朋友化解了尴尬，说了几句让学长好好休息的话，之后我们就撤退了。长大之后，提起这段回忆，怎么都感觉自己是去看笑话的，我的心意用错了地方，原因是我没有读懂学长的需求，归根结底是我眼力见儿太差。

回忆成长之路，唯一培养我眼力见儿的方式，便是从老师的表情读出

"情绪"。

每当老师脸上阴云密布地抱着一堆厚厚的卷子的时候，我就知道这次考试又不理想，如果赶上考过 n 多遍的知识都犯错时，难免会被点名批评、再加上重抄 10 遍 ...... 上了班之后，每当老板来了，如果他的脸色不佳，估计是最近的销售业绩又不好吧，不是非得现在汇报的工作就另选个时间再出现吧！似乎我不是一个天生有眼力见儿的人，与人打交道我更多崇尚的是热情、真诚，唯独没有眼力见儿，只能是知其然但不知其所以然。

自从我从事 HR 工作后，眼力见儿就显得更为重要。因为交往的对象是人，对方的举手投足，一个表情或是一句话，可能传递着不同的信号。外向型的他还是内向型的他行为表现有什么不一样？你是否感受到领导最近老是紧锁眉头？一向优秀的某位员工突然频繁请假 ...... 眼力见儿使 HR 时刻保持一颗仔细观察的心，对于公司的人员异常、用工风险等情况就更能提早发现，趁早提出可行的解决方案，更有利于组织健康和谐的发展。

通过慢慢积累，我在 HR 工作中总结了一些培养眼力见儿的经验，这些宝贵的经验也给实际的 HR 工作带来了一定的益处。

◆ 随时精准的行为观察力。

个体受到环境、知识、经验等体系的影响，各个方面有一定的稳定性，HR 在日常工作中多观察员工的行为，在关键的场合能洞察出员工的异常表现，将对员工行为的原因有更多的探究，从而更有可能找出合适的解决办法。记得金融危机时，公司计划精简项目，裁减项目人员。裁员的决定会议只有经理级以上人员参加，计划等裁员方案出来后再实施，现阶段只限于经理级以上人员知道，以免引起员工的恐慌。

小南已入职两年，是新提拔的项目组长。我在办公区域两次碰到她，一次她推门进入时我正好出门，她边说话边回头看后面的人，好像没有注意到我。另一次在走廊里遇到，结果她调头就走。两次的避开是有意的吗？当时我的归因出现了偏差，更多地认为是"巧合""意外"之类的。后来小南在裁员前主动提出离职，令人意外的是她项目组内几个优秀组员也跟她一同离职。

◆ 对他人情绪的感受。

每个人都自带气场，个人的情绪也会随着环境的不同而有变化。我们容易看出比较明显的情绪，比如哭、笑等面部生动表情，而有的情绪则不易察觉。我想在与小南两次不经意的偶遇，如果我能从她当时的行为中洞察到她的情绪，也不会出现很多优秀的组员离职的状况。后来了解到，小南知道自己所负责的项目快结束了，她又是新晋升的项目组长，调到其他项目组也许希望不大，又听到一些裁员的动静，所以干脆主动提出离职了。

◆ 换位思考的感受。

在处理员工关系时，HR 很容易就站到了员工的对立面，只有我们“抽身”出来，换作对方所处的位置，就能理解对方不良情绪的原因。与小南的两次相遇，如果我能考虑到她是新组长，项目即将结束等信息，个人的安全感不强，她又有较强的自尊心，不能接受被公司淘汰的结果，而我能尽快跟项目主管一起给出解决方案，可能也不会出现如此结果。

◆ 恰当的解决问题的能力。

培养眼力见儿的最终落脚点是要理解问题的本质，然后再提供可行的解决方案。比如在面对中学的学长，我观察到了他情绪低落，也明白他情绪低落的原因，但用的方法却不得当，可能当时来一次面对面的沟通，在少不更事的年纪，几句安抚的鸡汤语录想必是不错的选择。在面对项目组长小南，无论裁员是否有她，洞察到她的情绪有异样后，能及时地将安排计划反馈信息给她，同时做好安抚工作，也会避免出现集体辞职的情况。

4.2 微微一动：面部表情流露真性情

随着现代社会环境的复杂化和个体心理的多样化，在复杂的环境中人的想法变化快，反映出的行为也错综复杂。在人与人交往的过程中，有时候面对面获得真实信息是比较困难的，所以微反应越来越受到人们的重视。广义的微反应也叫微表情，包括三个方面的内容：

一是面部表情微反应，就是我们常说的“微表情”。

二是肢体动作微反应，通过对身体、手势、腿的动作行为观察个体的内心活动，也叫“身体微反应”。

三是语言信息微反应，包括语音、语调、语速的特点，以及语句的表达等，也叫“语言微反应”。

微表情之所以不易让人察觉，一是由于表情的变化不明显，面部的反应是在瞬间流露出来，通常是一种无意识的反应。无意识的反应不占用认知资源，当你集中精神做一件事情的时候就没有多余的认知资源去注意自己的其他反应。二是指由个人故意压抑的表情，为了掩盖一种表情而使用相反的表情来替代，比如应聘者在与 HR 做薪酬谈判的特定场合，虽然公司给出的薪酬已经达到了应聘者计划的预期，但应聘者考虑到公司对所面试职位的紧迫度，有时可能会继续表达更高的期望。但其嘴角却抑制不住地上翘，嘴角往上翘是不由自主地出现的微表情，代表了应聘者对现在薪资水平的内心满意的真实状态。

曾经有人做过实验，只有 10% 的人能察觉到微表情。因为微表情是无意识的产物，所以更能体现人们真实的感受和动机。虽然人们会忽略微表情，但是大脑依然能够捕捉到它的信息，从而改变对别人表情的理解，具有较多感性意识的人更容易捕捉到微表情。大家可能会有过这样的经验，某人很自然地表现高兴的表情，且其中不含有“微表情”，就能判断这人是真的高兴。

但是如果其间有“不屑”的“微表情”闪现，就算你没有刻意去察觉，你也会更倾向于认为某人的高兴是不真实的，反而会猜测某人的心思，对他的行为做出归因，比如他是一贯地自以为是，等等。

HR 的基本功是识人、用人，通过借助微表情这种工具，有助于 HR 了解谈话的一方更多真实的想法。特别是在入职面试、绩效沟通、离职面谈的时候，擅长利用微表情的 HR，更容易挖掘出问题的本原，给出合适的解决方案，从而更顺利地推动问题的解决。那么常见微表情及所对应的意思都有哪些呢？下面就从五官的分类来看看微表情表达的含义。

◆ 眼睛。

俗话说眼睛是心灵的窗户，大脑中80%的信息都是通过眼睛获得的。眼球内的视神经是中枢神经系统的一部分，经视神经传送到大脑。

眼球转动方向代表人在思考或回忆，根据神经程式语言学的研究发现：

眼球向左上方移动，代表在回忆过去的影像。比如HR在面试时问到应聘者工作经验时，对方在回忆时眼球应该是向左上方移动。

眼球向右上方移动，代表在假想未来的影像。比如应聘者谈到未来自己的职业规划时，在脑海中建构的是未曾发生的事情，他的眼球应该是往右上方移动的。

眼球向左边移动，代表回忆声音。比如当HR问到之前的直接上级对应聘者的评价时，应聘者的脑海里会回忆其直接上级的声音，眼球向左边移动。

眼球向右边移动，代表建构声音。比如在虚拟情景面试时，让应聘者假设与下级谈话时的场面，应聘者在预想与下级要说的话时，眼球应该向右移动。

眼球向左下移动，代表在跟自己对话。比如应聘者在与HR沟通时，权衡职位利弊得失时，眼球向左下移动。

眼球向右下移动，代表专注于情绪与感受。当大脑有强烈的情绪波动时，眼球会向右下移动，比如对方回忆一段不太愉快的工作经历时，个人的情绪和感受完全沉浸在其中时，眼球会不由自主向右下移动。

◆ 眉毛。

根据中国政法大学姜振宇博士的研究，他将眉毛分为5种微表情：常态、下压、上扬、“8点20分状”、“10点10分状”。

下压：表示关注，下压和眼睑紧绷的程度越大，意味着压力也越大，关注程度也越高。HR与员工沟通时，可以通过眉形的变化来判断其对此话题的关注程度。但需要警惕的是，如果过长时间的关注，在非复杂理性刺激源的时候出现，是一种作假痕迹。

上扬：表示惊讶、自信或默契，眉毛抬得越高，表示惊讶程度越大。对自己所说的内容很自信，认为倾听者也认可时，眉毛才会提升。惊讶时，双眉和双眼的上眼睑提升程度匹配、等幅提升；而在自信的双眉提升中，眉毛提升得高、眼睑轻微提升。

◆ 嘴巴。

嘴部是面部表情中富有表现力的一个部位，不同的嘴部动作反映了不同的心理活动。嘴角上扬表示喜悦，嘴角下压表示不满或难过，嘴巴张开表示惊讶，嘴巴紧闭表示生气等。嘴巴的微表情也透露着不同的信息：

嘴巴撅起：表示疑问或不同意见。在双方沟通过程中，当事人不愿意直接表达自己的观点或不满，但通过微小的肢体动作来表现出来了。噘嘴也常见于爱撒娇的女性，具体需要根据说话者的场景和对象来判断。

嘴巴撇开：表示一种负面的情绪，表示不开心或不满的感觉。撇嘴的行为动作为下唇向前伸、嘴角下垂。

嘴巴抿起：表示当事人的焦虑情绪状态，对自己说的话没有自信，也是自我抑制力的表现。

以上列举了几个常用的微表情作为 HR 与人交流时的参考，希望可以帮助 HR 在实践中更准确地对人的行为作出判断。

4.3 以小见大：双手不光用来干活，还用来表达心事

如果说丰富的表情是内心最直接真实的写照，那么身体的无意识的动作也透露着个人的情绪。

小时候，到了睡觉时间，可我们还想继续看动画片，父母却让我们回屋睡觉。面对父母让我们做着不愿意做的事情时，会直接摆手或摇头拒绝，这是出自一种本能。而长大后我们的言行更多是经过思考的，特定的场合或情

境中，动作和行为是经过修饰或是掩饰的。由于无意识的动作也是不经意的行为表现，持续时间相对较短，属于身体的微反应，也称为微动作。（参考中国政法大学姜振宇博士在他的著作《微反应：小动作后面隐藏着什么》中提到的内容。）

微动作包括：

◆ 手的动作。

双臂交叉：在交谈时双臂交叉放在胸前代表了一种距离感，通常表示防御别人的作用。在双方沟通时，一方将双臂交叉起来，表示对方可能不接受另一方的观点，但也不愿意交换意见，也许是表示不屑于对方的观点或亦表达了自我的权威性。

双手交叉：HR 与员工面谈时，常会遇到对方有这样的姿势。双手交叉放在桌面或是大腿上，表示了一种自信的肢体信号，在沟通过程中通常言谈举止、神情自然，流露出个人真实的状态。

双手握住：这个动作表示对自己的安抚，比如在个人在演讲时或是等待一个未知的结果时，表示个人情绪紧张不安，希望通过自己的控制能镇定下来。

双手叉腰：双手叉腰表达了一种鲜明的情绪。叉腰时大拇指冲后，说明这个人有着极强的控制欲。如果大拇指冲前，则是一种疑问的态度。

双手与其他五官：触摸鼻子或是用手遮住嘴巴，说话者有掩饰谎言的意思，聆听者做这个动作的表示对说话者表示怀疑。当事人抚摸颈部表示疑惑或是对说话者的观点不确定的表现。双手抱头则是带有强烈的自信和主导意识的行为。

◆ 双腿动作。

抖动双腿：可以简单归类到回避反应中，回避状态源自内心焦虑或没有安全感，所以抖腿有时也表明了一个人不自信的状态。当事者通过抖腿缓解紧张、焦虑。既放松了肢体肌肉，促进血液循环，又能舒缓紧张的心情。

双腿交叉：两个站立交谈的人都将双腿交叉时，表示双方都感到谈话很轻松，有利于建立良好的交谈气氛。两个交谈的人坐着交谈时，如果双方交谈得愉快，位于上面的一条腿的脚尖会指向对方，反之则指向相反的方向。

脚踝交叉：当事人坐下时脚踝交叉，说明当事人正处于紧张或是不自在的状态。比如在 HR 处理员工关系时，因劳资双方的对立关系，双方当事人坐在椅子上会将脚踝交叉并向后方放置，说明双方都正处于感觉不安全的状态，这时 HR 要尽可能先自我放松，并引导对方放松状态，以推进谈判的顺利进行。

◆ 躯干动作。

躯干倾斜：在双方的交谈过程中，对于自己感兴趣的人或话题，人们倾向于将躯干前伸向另一方，表示自己跟另一方的交谈感到舒适或赞同。如果遇到不喜欢的话题或是交谈对象时，会将身体向相反的一侧倾斜。

身体伸展：坐着的时候，身体伸展是一种放松表现，说明当事人处于很舒适的状态。如果是双方正在讨论很严肃的事情，身体伸展这样放松的动作就成了一种霸道的表现。

收回双臂：当事人站立时将手臂收回，双手放在身体背后，这一动作也称为“王者的站姿”，表达了一种权威的力量。在双方交谈的过程中，希望与对方保持一定的距离。

4.4 语言解码：同样的一句话差哪儿了

根据美国传播学家艾伯特·梅拉比安教授的沟通模型，有效的沟通技巧应该包含三大要素：肢体语言、语气语调、沟通的内容，他们的占比分别是 55:38:7，其中语气语调部分包括三部分内容：语气、声调、速度。梅拉比安模型首次提出了有效沟通是一个全方位的事情，强调了沟通时要充分结合讲话者的态度、眼神、语气以及动作，确保全方位地理解讲话者的意思。

语言沟通是 HR 的必修课，每天需要面对不同的员工进行交谈，有时一句普通的话语能把员工安抚好，但也有可能激化了双方的矛盾。印象中在处理员工关系的时候，因对员工随意说过的一句话，事后却花费了大量的时间和精力来补救。

大致的经过是这样的：一名入职不久的员工，因个人绩效表现欠佳，多次和上级的工作意见相左，其上级和我与之沟通协调了几次无果后，她个人提出了离职。该员工从招聘到入职、遇到问题的协调我都有参与，她提出离职多少有些被动的成分。员工办理离职的当天，我当时正在处理一项紧急任务，于是想尽快先把离职员工的事处理完，再去完成紧急任务，于是对离职员工说道，“现在把离职单填了”。我当时的语调可能过于生硬，离职的员工听起来有强迫的感觉，再联想到跟上级的关系，不好的心理感受呈现出来，联想到这可能是“圈套”，于是说要再考虑一下，之后的态度却是如果公司要辞退她，必须支付赔偿金才能办理离职。如若我能在办理离职手续时，用协商的口气，如“现在填离职单吗？不着急，拿回工位填写也可以……”而不能只想赶紧办完，却忽略表达的恰当性。

影响语句的表达包括的几个因素有：

◆ 个性因素。

声音在一定程度上也反映了一个人的性格，透露人们内心的世界。说话时声音大，嗓门洪亮，语速快的人，通常是外向型的表现。外向型的说话者内心开放，性格开朗，希望别人能接受自己的意见。而说话声音轻微、言语轻柔的人，相对而言性格内向，对自己所说的话有些不确定或不自信。

◆ 心理因素。

个体在语言表达的过程中，心理因素占了较大的原因。

好的心理因素会促进语言理解和表达，反之会削弱个体之间的表达和交流。

比如我认识的一名资深 HR 专家，专业度和能力非常强，在做咨询项目上的实战经验也丰富，但培训项目却是他的软肋，一上讲台面对很多听众就怯场，常常是很多重点没有讲到，表达也不流畅。

◆ 情绪因素。

当个体处在不同的情绪当中时直接影响语言的表达。比如人在情绪激动的时候，说话的声音会情不自禁地提高；上级在命令下级时声音会提高，透露出上级对工作的支配和控制欲望；在会议上两方观点不一致时，双方的声音都会越来越高，代表着双方都想从气势上压倒对方，同时也表现了双方对“我方观点”的自信。反之，如果双方对“我方观点”持怀疑态度，就会把说话声音压低，表现出心情紧张的状态。

◆ 偏好因素。

个体在表达中有自己的特点，比如有的人喜欢用动词，有的喜欢用名词等各有不同，经常使用的词性代表了个体运用感官记忆的偏好，即喜欢运用哪一种感官记忆，就决定了个体喜欢运用什么样的词汇和短语。

（1）视觉词汇。喜欢运用视觉词汇的人常常使讲话形象生动，这类词包括：描绘、揭露、看见、解释、展现、景象、情节、画面等。

（2）听觉词汇。喜欢运用听觉记忆的人喜欢使用各种不同的听觉词汇，比如告诉、倾听、沉默、强调、响、问、告诉、声音等。

（3）动觉词汇。喜欢动觉词汇的人常使用的词汇：比如触摸、掌握、接触、紧迫、压力等。

（4）中立词汇。中立的人喜欢使用与感官无关的词汇，包括决定、思考、知道、理解、统计、学习、激励、逻辑等。中立人使用的词汇都比较抽象，所以倾听的个体要根据自己不同的感官记忆来解读，常会造成许多误解。

不同的感官词汇不仅影响了我们的语言表达，也决定了哪些事物会引起我们的注意，我们可以通过自己直接看到的，真实感受到的来理解语言。

4.5 人靠衣装：外在形象会说话

适宜的穿衣打扮是对仪式感的一种尊重，经常有人会说我不太在意穿着，我不是一个看重外表的人，可是没有人能从一个邋里邋遢的外表下读懂你丰富的内心，而且也没有空去慢慢地了解你。外表形象越来越像我们拥有的一张名片，在一定程度上从穿衣的细节中也能透露出个人的一些特性。

帽衫休闲裤和西装领带，相信大部分人会和我一样，觉得前者穿着更舒适。天天穿着西装打着领带上班，刚开始可能会不适应，我的感觉是很受束缚，身体不能自由伸展。可如果公司的制度规定必须穿着正装，要求每天必须穿着西装打领带，我们的态度上会有什么变化呢？根据认知不协调理论，态度的改变也可能是由于行为的改变所引起，当行为与态度不一致时，人们常常不得不去改变信念使之与行为保持一致。在很多情况下，人们会扭曲或者忘却他们原有的信念。这里面包括两层意思：一是员工可能会由最开始的心理抗拒到接受，时间久了也会觉得穿正装的感觉还不错。原因是公司要求穿着正装是不可改变的，那么由穿帽衫休闲裤到西装领带后，员工有了行为上的改变，行为的转变引起态度的改变；二是西装领带体现的是职业化和正式感，当员工都穿正装后，会在公司形成一种氛围，员工的言行举止也会规范起来。可见行为的力量对态度有一定的影响。

作为一名 HR，认识到合适的衣着能更好地展现自己的体态和容貌，也能改变人的心态和角色适应度。对应聘者和用人单位来说，面试是一个非常严肃的场合，HR 作为公司的面试官，经常会面试不同岗位的应聘者，衣着服饰具有直观性，可以帮我们从不同角度了解应聘者：

◆ 正装的面试者。

正装的应聘者给人职业化的形象视觉。大部分的面试对于衣着不会特别强调，如果应聘者自行着正装参加面试，且经过刻意的修饰，比如发型清爽自然，面部干净整洁，女性精致的淡妆，都说明更重视此次的工作机会。对于这样的应聘者，个人认为他们更擅于在不同的机会中展现自己的长处，更倾向于积极的心理状态。我通常会从应聘者的形象细节再观察一下，比如肩膀上是否有头皮屑，指甲是否有污渍，鞋子是否干净，从应聘者对自身外在形象的管理来了解他是否关注自身细节。

◆ 随意的衣服搭配。

有关着装的话题，在跟同事的讨论中，也听到了另一种声音，不要看外表，重要的是能力。我完全认同这个观点，但也感觉不能一概而论，一些重要的场合，随意的衣着则显得不合适。比如说大会的演讲者，个人形象只不过是陪衬背景，演讲内容才是核心，但没有这个陪衬背景可能真的不行。如果说面试是一场个人秀，那么面对面试官时就是个人展示。曾遇到应聘者风风火火的赶来，头发随意散落，裹着外套坐在会议室里，丝毫看不出要展现个人魅力的意思。有的人可能会认为“这就是真的自我，不一样的烟火”。首先说这么重要的场合，应聘者都没有用心去准备，可见应聘者对这份工作的态度想必也没有那么强烈，这份工作可能同无数的工作机会一样，没有什么特别的地方。再者随意的衣着也流露出一种暗示，连找工作的自我展现都如此随意，那么这个应聘者的人生是否也缺乏泾渭分明的仪式感？是否也缺乏将每件事情都做到精益求精的态度？

◆ 个性化的服装。

总会有一些应聘者穿得不失正统但又个性十足，职业感中透露着与众不同的个性。印象比较深刻的是曾经面试过的一名男性设计师，灰色渐变格西装，九分裤，扎领结，时尚感十足，与设计师岗位的形象比较匹配。还面试过一名女性财务人员，长西装配风琴裙，将女性的干练和柔美合为一体。这样的应聘者在人群中具有自我标志性，识别度高，在工作上也通常具有自己独特的想法，但是他们可能过于坚持自我而比较固执。

◆ 名牌服装与配饰。

名牌服装因其知名品牌地位及影响力受到不同人群的喜爱，比如有人喜欢运动的、有人喜欢潮牌，也有人因为名牌服装的品质感而成为该品牌的忠实客户。喜欢购买名牌的人通常对生活质量有一定的要求，对自己的外在形象也比较关注，多数人群都属于“外貌协会”的成员。

根据在职场中的观察，他们对办公环境也有自己的标准，除了干净、整洁外，办公环境的舒适度、装修风格等也是他们关注的点。通常来说，如果个人形象与环境差异较大，个人也较难融入这个环境，在这个环境中也待不长久。

如果一名应聘者的收入明显与他的消费不成正比，HR就要考虑结合员工的生活情况是否适合工作状态。举个例子，我分别在不同的两家公司面试过两个应聘者，一个岗位是话务员，另一个是行政助理，两个人都是开着中高等价位的私家车来面试。前者父母开公司，后者老公开公司。前者学校刚毕业，后者一直在家带孩子，孩子上幼儿园后，现在找工作的诉求是有一份稳定的工作，压力不太大也不是太忙。前者希望工作之余有时间能继续学习，后者是希望可以不脱离社会又可以照顾家。考虑到两个岗位的工资不高，较难招聘；虽然工作相对轻松，但人员稳定性差，结合以上这些因素，判断这两人还是基本符合岗位要求的。但实际上两人仅干了不到半年就离职了。两个人没有金钱的诉求，对于上班的约束也不习惯，其实从应聘时衣着上的“奢华”也能预测出她们未来可能会出现的行为，这种判断也能为人力资源招聘管理带来的一定帮助。

第5章

新员工入职管理要用心

5.1 初来乍到：既来之，能否安之

新员工至少经过两轮面试，才能发 Offer，HR 应该可以松口气。但新员工入职的前三个月是“危险期”，新员工极易选择离职。按理说新员工是公司精心挑选出来的，选择入职也是新员工自愿的，为什么新员工稳定性相对要差一些呢？在适应新环境的过程中可能会出现两种心理状态。

一是寻找工作时使用的决策模型。根据诺贝尔奖获得者赫伯特·西蒙于 1956 年提出的描述性决策模型，他认为人们在决策的时候，追求的是满意而非最优的方案。满意是指选择一个能够满足你需要的方案，即使这一选择并不是理想化或最优化的。应聘者找工作时，他们会倾向于找一个能够满足某些需要的机会，比如说收入、位置、社保福利等，应聘者并不会搜索所有可能的工作机会，然后作出比较，选择最优。所以说，应聘者在作出选择的时候，只是当前情境下满意的状态。随着情境的变化，也会出现由满意到不满意的变化。比如，出现另一个更让应聘者满意的工作机会，考虑到入职时间不长，员工的跳槽成本并不是太高，可能就会选择另一份工作，也可能公司的文化氛围、人际关系等诸多原因打破了员工的期望值引发不满，员工也会作出离职的决定。

二是社会比较理论。新员工入职后，则会跟周围的同事比较，同事的能力、职务、薪资水平都是比较的范围。这是著名的费斯汀格提出的社会比较理论，费斯汀格指出人们具有评价自身能力水平和自身观点恰当标准的需要。那么在缺乏客观的、非社会性的标准时，人们就会把自己和其他人比较。一旦有

比较，平衡就会被打破。公司的老员工能力和经验还不如新员工等，导致新员工会重新考虑工作机会。

新员工等过了入职后的三个月，由以上因素影响的离职意愿意会呈递减状态，员工在新环境中逐渐适应并趋于相对稳定。在新员工刚入职的这段时间，HR 作为新员工在公司第一个认识的人，要扮演好“娘家人”的角色——沟通、倾听、支持、帮助，让新员工既来之、则安之。

◆ 入职第一天。

面对陌生的环境，HR 以主动沟通为主，帮助新员工尽快熟悉公司和团队。

——提供“新员工跟进表”，清楚告诉新员工第一天、第一周、第一个月的具体安排，为员工的行为提供指导方向。

——贴心提供各种入职服务。介绍新入职手续办理流程、新员工的工位、内部的联络部门、周边的交通、餐饮等情况，让新员工获得好的关怀体验感。

——小的仪式感体现尊重。如新人欢迎会、与上级共进午餐、第一天入职纪念礼品等不同方式迎接新员工。

◆ 入职第一周。

新员工对同事、工作有了基本的了解，HR 认真倾听新员工的想法和建议，让自己在心理上更接近对方，更好地捕捉到对方的真实想法。

——入职培训让员工更了解公司。通过向新员工展示公司所在行业现状、企业文化、组织架构、部门职责、公司规章等方面内容，让员工增加对公司的信心。

◆ 入职第一个月。

通过与其上级沟通了解员工表现情况，并跟新员工进行一对一的座谈。表达出对新员工工作的支持，以及帮助解答新员工在工作中遇到的困惑。

新员工在新岗位上可能经历着不同的压力，HR 作为公司与员工之间的“中间人”，要做到真正从关心新员工的感受出发，协调其上级理解新员工的行为，帮助新员工更好地认识新的工作及自身价值，帮助公司打造更人性化的组织。

人性化的组织会推动新员工在工作中有更多创造力、韧性以及在工作上提供有价值的贡献。

5.2 亲疏远近：称谓是别人给的心理地位

不可否认地说，公司员工之间的称谓，代表着一种文化。刚入职的新员工，来到一个陌生的环境，跟同事打招呼的时候会困惑如何称呼。得体的称呼可以赢得友好的人际关系，也可以给同事留下良好的第一印象。新员工了解一个公司的文化，合适的称呼是快速融入团队的一条捷径。

之前我所在的一家公司，在同事称呼上属于“混合型”的文化氛围，但仅从称呼上就洞察各自在公司和同事心里的地位，应该说是比较典型的自然而然形成的一种状态。以下列举几个典型的例子：

销售负责人——刘总，人品、实战经验、管理能力都出众，老板外出时由他全权代理工作。对于入职的新员工，仅从这个称呼就能感觉到这个岗位的权威性。以职位称呼提升了岗位的严肃性，同时也拉开了与员工之间的距离。

一直认为不同称呼的产生来自员工的自主选择，对于刘总来说，他平时工作当中的表现得严谨认真，凡事具有“挖地三尺”的态度，给人一种敬畏之心，但不可否认的是，他的销售业绩表现不俗，工作能力得到老板的赏识和员工的认可。久而久之，他在员工中的“心理地位”就呈现出来，对他称呼“刘总”也是源于员工内心的尊敬和追随的一种态度。

财务负责人——文英姐（名字后两字 + 姐），入职公司多年，乐于助人，性格随和开朗。通常“名字后两位 + 姐”的称呼是比较亲切的叫法，在团队中受到欢迎，在公司中会扮演协调者的角色，在公司有较高的发言权。这位财务负责人跟销售负责人入职时间差不多，按照常规的称呼，她应该被员工称呼为“黄总”（姓 + 总），但是员工更喜欢称呼她为“文英姐”，而且还是非常亲切的叫法，可见她在员工心目中的亲切程度。公司有一些部门纷争会请她出来沟通和裁判，她的办法多、公正客观，在员工中的话语权高。

市场负责人——Judy，新入职两三年，她来自著名外资企业，入职时即以英文名字作自我介绍。个性上比较特立独行，能力强大，人也很好，远离是非，关注自己的团队，为自己及团队争取公司资源；她和大家的关系都差不多远近。单从称呼上就可以看出，喜欢以英文名自称的人，更多的是强调平等，在与上下级和平级沟通的时候，喜欢轻松的谈话氛围。一般来说，外资企业更多的员工选择使用英文名，一方面是语言的问题，另一方面弱化了层级，强调民主的企业管理文化。

产品负责人——陈姐，沟通能力强，对本团队管理属于“护犊子”型，因为这种管理偏好，所以其他部门的人员会认为不公平。如果自己团队人员与其他团队人员不存在冲突时，她的为人处事能力还是受到大家认可的。单从称呼上来看，这位产品负责人与财务负责人相比，受欢迎程度会相对要差一些，她在处理问题时在某些情况下“对人不对事”，难免让人感觉到不服气，之所以称呼她为“姐”，一是年纪原因，二是来公司年头也长了，对公司情况比较了解。

IT 系统负责人——老柴，提笔写到老柴，我似乎都能听到他爽朗的笑声。

老柴的笑声极具感染力，而且时常经久不衰，他的乐观无人能及，只要是工作中遇到 IT 方面的困难找老柴绝对是明智的。老柴是同事们的好伙伴，是像家人般的好朋友。无论是新员工还是老员工，最喜欢找老柴聊天，最常见的画面是午餐后，IT 部门里人头攒动，热闹非凡。每年的优秀员工，大家必投老柴一票。老柴 50 多岁，“90 后”索性就叫他“柴叔”，可见对老柴是大伙发自内心的喜欢，带着家人般的温暖。

从心理学的角度来说，职场中的称谓映射出地位和尊重，体现着员工与他是有距离感还是亲昵感，也折射彼此的关系。作为 HR 在新员工入职的时候，可以从以下几个方面帮助新员工了解这种“潜规则”，帮助新员工更快地进入工作角色。

◆ 不同人员的称谓方式。

除了真实的姓名，向新员工说明大家对其直接上级的称谓，以及团队成员的常用称谓方式。消除新员工融入团队后的陌生感，也方便让老员工尽快接纳新员工。称谓的一致性很容易让人产生“自己人”的感觉，对于减少磨合期有一定的心理暗示作用。

◆ 面对面介绍新员工。

有的新员工性格比较内向，也有可能之前的公司文化与现在有区别，比较难转换成新公司的称谓。比如称呼 IT 系统负责人为“老柴”，就比较难开口，HR 当面介绍时比较容易化解这样的尴尬局面。同时在介绍前也要了解新员工对自己的称谓，也可以按公司的文化习惯作出建议，以方便介绍给老员工。

注意提醒新员工，在正式场合时要注意使用职位称呼，例如开会、写邮件时，避免引起不必要的误会和不良影响。

5.3 安泰效应：不是一个人的战斗

新员工入职后，已经开始进入了试用期。试用期结束后会有转正考核，为了能够顺利转正，同时希望自己的能力也能得到公司和同事的认可，新员工通常“爱表现”——工作积极主动，专注度高，也更愿意独自承担工作任务，向领导证明自己的实力。有的新员工忽略团队的力量，在实际工作中往往达不到自己预期的工作结果。

小帆是公司新招聘的行政主管，她有着丰富的行政工作经验。新公司的规模和管理都很吸引小帆，她非常珍惜，在工作中热情投入，希望通过自己的努力获得公司的认可，也能在公司有更大的发展空间。小帆入职后经手的第一个大活是准备年会，小帆负责物品采购和酒店比价，尽心尽力地忙前忙后，部门经理也提醒她，让部门的同事协助她，有困难告诉团队。小帆一来是考虑每个人的手上都有不同的分工，而且工作量都不小；二来如果让其他同事协助的话，好像显得她能力不足。所以小帆决定还是靠自己努力，如果这次任务完成得漂亮，部门经理和同事会对她刮目相看。

物品采购还算顺利完成，初战告捷的小帆自信心大增，可在选择酒店时遇到了不小的挑战。距离、性价比、场地空间需要全部考虑，跑了几天下来还是没有找到合适的酒店。小帆也不愿意把困难向大家倾诉，当部门经理问及时，她会说正常进行中。眼看着离召开年会的时间一天天临近，可酒店的事情还没有完全落实，她有意向的一家酒店，因价格太高而超出预算，小帆的心理压力可想而知。当部门经理再次追问，并得知酒店还未确定时，部门经理批评了小帆，并跟小帆一起分析对比正在联系的几家酒店，锁定了小帆推荐的意向酒店，部门经理自己四处找人联系，并发动他之前同事的资源，争取到了意向酒店的优惠价格。

职场中像小帆这样希望有成就感和动机的新员工不在少数，他们在努力工作的同时，管理者应该指导并帮助他们借力——团队合作，俗话说的“众人拾柴火焰高”“众人划桨才能开大船”，一个人的能力不管有多强大，如果个人能力没有充分融入团队中，到了一定阶段必定会影响团队绩效，使团队绩效进入发展瓶颈期。团队成员的资源共享在现代管理中越来越重要，可以增加团队的凝聚力和协作。

古希腊神话中有一个大力神叫做安泰，他是海神波塞冬与地神盖娅的儿子。

安泰力大无比、百战百胜。但他有一个致命的弱点，那就是他一旦离开大地，离开母亲的滋养，就失去了一切力量。他的对手刺探了这个秘密，设计让他离开大地，把他高高举起，在空中把他杀了。后来。人们把一旦脱离相应条件就失去某种能力的现象称为“安泰效应”。“安泰效应”带给我们的启示是希望员工融入团队，在团队中发挥自己的作用，而不是独自一个人蛮干。

那么新员工在入职后为什么容易出现“安泰效应”呢？

一是新员工对团队缺乏信任，新员工与团队是陌生的，相互的心理是存在距离感的，而消除距离感需要时间，彼此产生默契也需要有共同的经历。

二是本岗位制度不完整、流程不明晰，很多具体的工作需要新员工独自担当，新员工则会更多倾向于自己完成。

三是在职的员工“抱团”，对新员工持有“观望”的态度，在心理上对新员工接纳度低，使新员工较难融入团队。

四是直接上级的工作跟进不够，在对新员工布置完工作任务后，就等待工作结果汇报，不问过程。

五是企业没有形成对新员工的人文关怀，在新员工入职后没有感受到积极、和谐、愉悦的工作氛围。

入职时，HR可以协助其直接上级从几个方面加强新员工对团队的认识，从而使之尽快地投身到团队工作当中去。

◆ 工作职责清晰。

岗位职责、工作流程、对接人、联系方式等交代清楚，如果该岗位是离职交接，还需要完整的交接清单，包括未尽事宜、工作进度等。

◆ 为新员工安排一名“师傅”，协助新员工处理工作中遇到的问题，并建立与团队的感情通道。师傅从工作内容、对新员工的关怀入手，推动新员工缩短与团队的磨合期。

◆ HR的定期新员工跟进，了解新员工的工作状态和心理动态，与新员工充分交流，及时疏导新员工的疑问。

◆ 通过培训强化公司价值观，强调团队文化氛围。通过新员工入职培训，让新员工增强团队意识，树立团队合作的观念，在团队中多与老员工互动交流，工作岗位的内容了解得越多，越有利于解决问题。

5.4 情境领导：跟“老大”的磨合期

“老大”通常在职场上是指自己的直接上级，有的也叫老板、头儿等。

第一次听到“老大”这个词，是在刚入职场时，感觉职场怎么有点江湖气，后来理解称呼“老大”既是尊重也是亲近。

纵观自己的职业生涯，有因自己换工作后换了新老大的，也有因老大离职后更换了新老大，但与老大的关系却因人而异。从老大在团队的管理风格上，我根据经验划分为三种情况：

——等级分明的上下级，跟团队大部分成员保持着一定的距离感。通常强调员工的工作独立性，让员工对自己的工作负责到底，在工作中指导和培养相对较少。除工作上的交集，生活中没有任何私交。我接触过两种类型：一种脾气暴躁、专制，所有的工作必须按他的要求来，团队气氛相当紧张，老大的脾气就像不定时炸弹，让大家神经都处于紧张状态；另一种是放任型，只是布置工作内容接收工作结果，做得不好都是员工的错，由团队成员承担责任，工作中能推的就推出去，责任感普遍较差。

——家长式的上下级，老大像母鸡呵护小鸡般的对待下属，善于培养员工，喜欢手把手指导工作。有时会显得事无巨细，团队成员遇到什么问题都会想找老大，老大是团队的主心骨。通常跟员工私交很好，但也滋生了团队成员的心理依赖性。

——朋友式的上下级，团队中更注重平等的合作氛围。遇到困难或问题时，喜欢群策群力，团队氛围通常比较活跃。但上级批评下级时采取的方式会比较难拿捏，太严厉了下级可能会接受不了，上级也可能会不好意思开口，从而达不到批评的目的。

回顾曾经的一段工作经历，当时是公司发展的比较动荡的时期，我的老大在不到一年的时间内先后换了 4 任，对我而言也算是不小的考验。每一位总经理都风格迥异，刚刚适应他的管理风格而他就离职了。从我的内心来说，我更喜欢工作中的团队成员如家人一样，所以我认为自己更倾向家长式或朋友式的上下级，而我自己是主观能动性比较高的员工，轻松的工作氛围更有利于激发我的工作热情。但实际工作中，无论是哪种管理风格的老大，有的老大跟我很合拍——工作理念和对我的指导都是我认可的，有的老大却让我很着急——不知道该如何下手去完成工作。

不同的管理风格可以根据赫西和布兰查德的情境领导理论来阐释，情境领导理论将领导者的行为分为两种：命令行为和支持行为。所谓命令行为，就是领导者用命令的方式规范部属的行为，采取单向沟通来界定部属的工作角色，命令下属应该做什么、不应该做什么。所谓支持行为，就是领导者用支持的态度协同下属工作的行为，采取双向沟通塑造下属的角色，对下属的工作提出任务、目标，支持和激励等。

领导力的有效性在于把情境因素和适合的风格结合起来，对不同的人运用不同的领导风格，领导风格包括四种类型：

◆ 指导型风格。

管理者对于低能力、高意愿的员工，在工作当中应该给予高指导、低支持的领导行为。特别是一些应届毕业生，有较强的工作动机，作为管理者在工作中应该明确告诉下级该怎么做。

◆ 教练式风格。

管理者对于能力欠缺、意愿低的员工，在工作当中应该给予支持和指导。这个阶段可能会出现在下属成长过程的某个时期，比如新晋升的经理，可能在管理方面经验缺少，在遇到各种问题而又无从下手时，容易出现“能力欠缺、意愿低”的阶段。在这个时期，管理者在工作中应该给予下级高指导、高支持的领导行为。

◆ 支持式风格。

管理者对于能力在中等偏上，但意愿上有太多变数的员工给予支持。处在这个阶段的员工，在工作上想法比较多，稳定性也相对较差，可能是工作吸引力不足，也可能是外界其他工作机会的影响，管理者应该给予更多的包容并以积极的态度支持，以让员工获得认同感。在这个时期，管理者在工作中应该给予下级高支持、低指导的领导行为。

◆ 授权式风格。

管理者对于高能力、高意愿的员工，应该充分给予授权，管理者给予下级低支持、低指导，重点是关注员工工作的结果，让员工有更多的空间独立去完成工作。

入职一家公司后，我们的直接上级不能随意选择，作为 HR 了解了不同的情境领导风格，一方面可以帮助员工更好地去适应不同领导的管理风格，另一方面也能协助领导让其认识到，根据不同的员工所处的阶段使用不同的管理方法。

①面对不同的员工。HR 可以帮助分析其所处的阶段，以及他的领导的风格，增强员工在任务情境中的判断力和自主力。如果跟老大的管理风格不匹配，那么就试着适应你的老大。HR 可从工作目标分解、定期汇报工作结果出发，推动员工养成以老大的思路思考问题的方法，从而帮助员工更好地达成工作结果。当然，如果这位员工完全无法认同老大的管理风格，HR 早点了解到他的动态，也对提前做好人员储备有益而无害。

②面对员工的老大。从新员工入职开始，就跟新员工的老大分析员工的能力和意愿是处于哪个阶段，老大的管理风格应该根据不同的员工以及不同员工的发展阶段使用不同的方法。HR 应该当好各部门老大的人才军师和专家，帮助各部门建立自己的团队。

5.5 溢出效应：左邻右舍的工位

在不同组织中，一群人坐的工位、站的方位以及会议坐向，一直是一个心理学话题，同样的桌椅不同的安排会对人际交往的关系产生影响。办公室的工位作为工作环境的一部分，每当有新员工入职时，大部分公司对于工位的关注是干净、整洁，员工所需要的物品是否齐全，而对于工位的安排则考虑得较少。

新人入职后，有的公司是安排新人直接坐在前任员工的位置，邻座员工会对新员工带来不同的影响。我曾经有段经历或许有点代表性。办公室装修期间，我从独立的办公室暂时搬到公共区域大厅办公，由于是暂时办公区域，座位相对比较集中，难得有这样的机会和大家相邻而坐，趁着新鲜感快速攀谈起来，本来不太熟悉的同事变成了聊天伙伴，同时也发现原来彼此还真是有共同语言——相见恨晚啊，于是我待的那片区域经常欢声笑语，下班乘坐电梯时也会结伴同行。有时上班借着一个工作话题也能聊几个来回，虽然知道会影响工作效率，但大家仍能自觉地完成工作。原来在独立办公室的时候，我一直认为我是喜欢在安排的环境里“独立思考”，谁知道遇到合适的“土壤”时，我更擅长在热闹的环境里“愉快生长”。

另一个例子是公司的一名老员工，在公司工作多年，人老实、厚道。在原来的部门深得同事的信任，后来因建设分公司的原因，把老员工调了过去，没想到不到一年时间，跟分公司的一些同事闹离职，跟公司谈判各种精神、物质赔偿。这么短的时间变化怎么这么大？找他们分公司的负责人了解到，坐在他身边的几名同事负面情绪很多，考虑到并没有影响本职工作，领导也没有做出任何处理。最近其中的一名同事因迟到不满意公司的处理，而煽动周围员工集体闹事，老员工也在其中让我们很意外，我们感觉原来老实、厚道的他不见了。

在《哈佛商业评论》官网上曾刊登过一篇关于“工位溢出效应”的文章，这篇文章的作者有两位，一位是全球领先的人才管理平台 Cornerstone OnDemand 的高级副总裁，另一位是美国公认的商学院“西北大学凯洛格商学院”的助理教授，其核心内容是指邻座同事对员工表现有非常重要的影响。

工位溢出效应研究表明，领座同事对员工的影响可能是积极的，也可能是消极的。具体来说，一位员工的表现大约会有 10%“溢出”到邻座同事身上。也就是说，假设员工小明的旁边原来坐着一位效率平平的同事小李，后来来了一位效率是小李 2 倍的新同事取代了小李，这时小明的工作效率会明显提升 10% 左右。

既然办公室的工位能够影响员工的工作效率，那怎样安排员工的座位才能实现效率最大化呢？研究将员工分为三类：效率型员工，完成任务速度快，但质量欠佳；质量型员工，完成任务质量高，但速度较慢；平均型员工，完成任务的速度和质量都比较平均。

研究发现，最佳的方法是让效率型员工和质量型员工坐在一起。这样一来，质量型员工会努力赶上效率型员工的速度，而效率型员工又会努力达到质量型员工的质量，而且，他们自己本来就擅长的那方面，也就是指效率或者质量，都不太容易受到对方的影响。数据显示，当效率型员工和质量型员工坐邻座时，他们的工作速度提升了13%，完成任务的数量也提升了17%。

但是，如果把两位效率型员工安排在一起，就不能提升他们的工作效率。同样，让两位质量型员工坐在一起，也不能提升他们的工作质量。而平均型员工在效率和质量上的表现都比较平均，所以在这两方面也很少受到溢出效应的影响。

除了这三种员工之外，还存在另一种员工，就是劣迹员工——因为行为不当而被开除的员工。如果劣迹员工互相靠得很近，其中之一被开除的概率会增加27%。任何类型的员工都会受到恶劣行为的影响。所以，公司应密切关注员工的表现，了解他们对工作环境的感受。

在新员工入职后，可以按员工的三种类型：效率型员工、质量型员工、平均型员工进行座位的安排，并与其直接上级一起观察员工的表现，根据员工的实际情况作出空间管理，实现个人和团队的绩效表现最优化。工位的安排，也是提升人工效率的一个重要方面，据“工位溢出效应”的文章的研究者估算，如果是一家拥有2000名员工的企业的话，优化工位带来的效率提升，每年就能贡献100万美元的利润。

5.6 美食效应：午餐是拉近情感距离的投资

现代职场上人与人之间加深熟悉和了解，要么依靠共同完成一项工作任务，要么是一餐美食带来的交情。新员工初来乍到，一餐美食能迅速让大家从陌生变得亲近。就餐时大家围坐餐桌，品味着一桌美味的食物，谈论一个有趣的话题。

美食佐佳话，感情大门也随着话题的深入而逐渐打开。

中午午餐时光，辛勤工作了一上午的同事们纷纷组团就餐，纵观职场各大午餐门派，包括姐妹饭团、部门餐群、孤独高管派、散团等。当 HR 面对不同的午餐群体，可以看出员工不同的心理特征以及团队的特点。

◆ 姐妹饭团。

跨部门沟通的最强典范，通常是固定人选组成，他们的兴趣相投，话题丰富且信息量大，职场内外娱乐八卦，没有姐妹饭团不知道的。我见过最强的姐妹团是由总经理助理、人资经理、产品经理等几大实力掌门组成。连接姐妹饭团的纽带是信任，说明了姐妹之间的依赖关系，以及相互的期望关系。姐妹之间互相倾诉也是一种很好的解压方式。积极正向的姐妹饭团有助于公司的人员稳定和发展，而负能量的姐妹团则会出现不良的人际影响。

◆ 部门餐群。

通常是本部门的人员共同午餐，谈论的话题以近期的工作情况居多。工作中战斗在一起，休息时吃饭在一起，这样的部门人员稳定性较高。同部门人员就餐时，因为利益共同体，一起发发牢骚，情感上容易产生共鸣。不但在工作配合时更融洽，也更理解对方的工作情况，在工作中能互相换位思考的去考虑问题。

◆ 孤独高管派。

高处不胜寒，高管总是孤独的。员工不愿意跟高管一起吃饭的原因恐怕是话题太少、压力过大。记得当年每到年终考核时，大领导就分别跟不同的部门经理共进午餐，工作时间虽然跟老板接触的时间不少，但真正坐下来吃午餐，除了汇报工作好像其他话题都会成为尬聊。

◆ 散团。

最有意思的就是散团了，我见过的散团多由经常出差的人员组成，出差返回公司后，几个人临时组个小饭局。散团团队组织随意，但八卦内容却丰富多彩，因为经常不在办公室，所以对公司发生的事好奇，以为自己又错过了什么精彩情节。

随着工作节奏的加快，邀约就餐也成为一种非正式的沟通方式，除了由不同的原因组合的各类型的“餐团”，利用就餐这样的形式进行沟通还有什么优势呢？针对作者 Kaitlin Woolley 和 Ayelet Fishbach 在 2016 年发表于《*Journal of Consumer Psychology*》期刊上的《友情的食谱（诀窍）：吃相同的食物会提升信任与合作 (*A Recipe for Friendship: Similar Food Consumption Promotes Trust and Cooperation*)》的一篇论文，组织行为研究驿站（刘玥）发表了一篇论文解析，内容如下：

四组实验探究同一组人偶然吃了相同食物，结果是提升了亲密感和喜爱程度，进而提升信任与合作的现象。实验中的一组人被安排试吃相同食物，排除了个人偏好的影响。人们会通过选择相同或者不同的食物来融入和区分团体，他们会把吃相同的食物当成一种积极联系，与穿同样颜色的衣服同理。偶然相同的食物消费效应起作用有两个条件：被试者间不能分享与喂食；食物必须是常见的，大家都熟悉的。

研究结果有许多实际应用。例如国际会议中只提供有限几种茶点，会增加参会者共识。快速约会场合（相亲）吃同一种食物会增加双方亲密感和信任，利于约会成功。雇员和雇主之间可以通过吃同一种食物提升信任与合作，有可能带来潜在工作与升职机会，也可以通过吃相同食物进行结盟。

上述的研究结果又为组织中的员工管理打开了另一扇不同的门，HR 小伙伴们可以设计一些共同品味的美食场景来增加团队的凝聚力。举几个实践的例子：

◆ 新员工欢迎会。

形式分为两种，一种是入职当天，员工的直接上级陪同午餐，互相增进彼此的了解，拉近感情的距离；另一种是新员工入职培训，精致的小茶歇表达了公司的心意，新员工在一起分享一种食物会增加他们的社会同质性，新员工来自不同文化的公司，在这个过程中彼此也不断互相融入，相处和谐。

◆ 传统节日分享会。

有的公司在正月十五举办集体做元宵的活动，端午节发粽子，中秋节有月饼下午茶 ...... 员工们在品尝食物的过程中互动，也会有利于信息的扩散，比如我们公司还不错，传统节日有美食活动等。

◆ 不定期聚餐。

可利用年会、拓展活动等机会，在享受美食的同时，美酒也能带来不错的味蕾刺激。几口美食、一杯美酒，同事之间的恩怨情仇想必多少能相忘于江湖了。

5.7 转变思维：试用期的理想不迷茫

经常我会听到身边的小伙伴说“理解很丰满，现实很骨感”，所以一提到“理想”两字，有人可能会认为太虚无缥缈了。对于我而言，提到理想，脑海中就会出现一副“生动”的画面——一群城市热血青年坐在大卡车上，一路高歌奔向农村，在“上山下乡”的年代，他们充满着热血激情，希望用自己的努力去实现自我。夕阳的余光洒落在他们青春的脸上，个个自信而生动。此刻电视机前的我，肯定是跟着他们一起合唱，让内心充分绽放，谁也无法阻挡我激动的心情。所以，理想对我而言是诗和远方，令人向往，也激情澎湃。

每一份新工作的开始，应聘者都是带着实现自我理想入职的。对于心仪的一份工作，应聘者在刚确定被录用时，打心眼里认为这家公司真是“慧眼识英雄”，自己就是他们要找的有能力的员工，也有决心在新的职场平台上出色表现、受到重用、调职加薪 ...... 总之，未来总是充满无限可能 ...... 但入职之后，应聘者可能就会发现一些问题，打内心深处又觉得这不是自己期望的平台，应聘者赶快选择跳槽，离职的原因则可能是由于流程不全、职责不清、文化不强等来背锅。

晓雯是公司新来的前台，她大学毕业后做了 1 ～ 2 年的销售工作，虽然收入还不错，但天天在外面跑客户，风里来雨里去很是辛苦。晓雯计划转入内勤岗位工作，经过朋友推荐和自己的努力，顺利进入一家大型公司担任前台岗位工作。第一个月，晓雯对工作充满热情，认真学习前台岗位职责，同时还承担了不分是分内的工作，比如主动帮同事点餐、送餐等，很多同事称赞晓雯是历任前台中最漂亮、最贴心的小妹妹。半年以后有点松懈，一些工作需要催促几次才能完成，后来慢慢地越来越拖拉，最后晓雯向主管提出了离职，离职的原因是觉得前台工作太琐碎，而且谁都得提供服务，比如给同事收发快件、领取文具、接转电话等，就像一个大助理的感觉，毫无成就感可言。

相信晓雯这样的员工不是个案，从激情开始，遇到困难无法容忍，最后果断放弃。记得哲学中有一句话，事物的发展是呈波浪式前进、螺旋式上升的，波浪的特点是有高峰，有低谷。在工作的激情期，个人的状态处在高峰阶段，随着彼此了解，打破了原来完美的预期，新的困难出现，会使个人状态会滑落低谷。在下一个爬坡的拐点期，你还能否保持激情继续向上努力？

也许有人会不认可，觉得找到自己理想的工作，才能让他为之奋斗和努力。那么什么工作是一份理想的好工作呢？

麻省理工学院计算机科学博士卡尔•纽波特的畅销书《优秀到不能忽视》中给出了理想工作的三个标准：

◆ 创造力。

持续不断地把自己的工作流程、工作方法进行优化和改进，让自己的能力在反复实践中不断精进，这就是有创造力的表现。作者举了个例子来说明创造力，一堆单张的纸装订问题。机械化工作时，一页一页的纸黏贴在一起；订书机的发明，只需要一个“按下”，就可以将一堆单张纸装订在一起；电子订书机的出现，连“按下”这个动作都省了。

◆ 影响力。

在互联网时代，影响力可以说是最重要的职场资本。比如你是 HR，可以通过了解市场的薪资标准、行业人员流失率、竞争对手组织架构等信息以及专业能力去影响你的老板，老板管理的是整体，考虑的是方向，他对市场的人力资源情况并不一定了解，反而是HR人员最有话语权。

◆ 自主力。

自由支配自己的时间、工作地点，现在越来越多的公司提供“弹性工作时间”，或是选择在家办公等方式，都是为了满足越来越追求自主力的年轻人。能够提供自主力的公司，也会要求应聘者有职场资本，换句话说就是你是否拥有足够的职业技能，公司老板愿意为你的自主力付费。

我们仔细想想，具有上述所提到的创造力、影响力、自主力的公司是大概率事件还是小概率事件，我想这样的公司是可遇不可求的，因为这三个条件在诸多公司中属于稀缺资源，真正都做到了的公司也是凤毛麟角——可遇不可求。有的应聘者总是对下一个公司充满幻想，总认为目前这份工作没有意思，这是激情思维导致的，让人存在不切实际的幻想。所以建议转换思维模式，由激情思维转向工匠思维，工匠思维是从实际工作出发，在正确的时间，正确的地点积累大量的练习量，融入自己的工作，就有可能在个人价值上超越你的同行，因为你很有可能是唯一专注于系统地取得进步的人。

第6章 在职员工管理要懂心

6.1 雷尼尔效应：一切管理从员工的需求出发

根据员工在公司入职时间长短，员工分为试用期员工和转正员工。试用期员工在经过试用期考核合格后，成为公司的正式员工。在人力资源管理的实践中，公司都会安排HR和用人部门对试用期的员工进行跟进，公司是每周、每月以面谈形式，或是集中学习的形式进行。考虑到新员工对公司环境、文化、管理等的适应性，跟进的内容包括工作内容、流程管理、公司文化、同事关系等，其目的是帮助新员工建立对公司的认知，加快新员工融入公司。等到员工经过考核转正后，通常我们会认为相对“安全”了，基本上会认为新员工可以稳定工作一段时间。

在职员工的管理一直是围绕着HR的话题，特别是提升优秀员工和核心员工的管理。事实上，员工对工作的兴趣是逐渐消磨殆尽的。国外有学者曾花费大量时间来研究这种现象，并称为“电力减弱”现象。员工就像濒死的恒星一样，他们对工作的激情是慢慢减退的。“电力减弱”不同于熄火，因为员工并没有陷入严重的危机中，他们看起来工作积极主动，投入大量的时间工作，与他人高效配合完成任务，会议发言内容精心准备。但是与此同时，他们正默默地承受着打击和伤心。这种打击和伤心是隐形的、未意识到的，可能存在的原因是组织并没有从员工的需求出发，所以日积月累，他们离职也成了必然。

美国西雅图华盛顿大学的一次风波，给我们上了生动的一课——管理中必须从员工的实际需求出发。美国西雅图华盛顿大学准备修建一座体育馆，消息传出后立刻引起了教授们的反对。校方于是顺从了教授们的意愿，取消了这项计划。教授们为什么会反对呢？原因是校方选定的位置是在校园的华盛顿湖畔，体育馆一旦建成，恰好挡住了从教职工餐厅窗户可以欣赏到的美丽湖光。为什么校方又会如此尊重教授们的意见呢？原来，与美国教授平均工资水平相比，华盛顿大学教授的工资一般要低 20% 左右。教授们之所以愿意接受较低的工资，而不到其他大学去寻找更高报酬的教职，完全是出于留恋西雅图的湖光山色。西雅图位于太平洋沿岸，华盛顿湖等大大小小的水域星罗棋布，天气晴朗时可以看到美洲最高的雪山之一——雷尼尔山峰，开车出去还可以到一息尚存的火山——海伦火山。他们为了美好的景色而牺牲更高的收入机会，被华盛顿大学经济系的教授们戏称为“雷尼尔效应”。

由此可以看出，华盛顿大学教授的工资，80% 是以货币形式支付的，20% 是由美好的环境来支付的，体育馆的修建破坏了原来的环境，意味着工资降了 20%，教授们就会流失到其他大学。美好的环境是一种无形的财富，对吸引和保留教授发挥着重要作用。

雷尼尔效应告诉我们，吸引员工的不仅是西雅图的湖光山色、雷尼尔山峰等自然风光，更需要组织创造“软环境”来提升员工对组织的忠诚度，降低员工的流失率。根据全球性人力资源公司翰威特与《亚洲华尔街日报》《远东经济评论》联合调查的亚洲最佳雇主的报告中指出：最佳雇主吸引并留住员工的“秘密”是科学而完善的“非经济武器”。经济性因素如工资、奖金、津贴不再是唯一影响员工忠诚度的要素，非经济因素如被尊重的话语权、工作任务中的授权、文化氛围、员工关系、培训机会等更具吸引力。

由此可见，雷尼尔效应带给组织和管理者很大的启示，员工是企业中的宝贵资源，也是动态资源，所以对员工的管理也不是单一线性的，而应该是多维度网状的管理。HR 可从以下几个方面考虑对员工管理作出规划：

①从企业文化上创造平等、宽松的工作氛围和正能量、积极的价值观。

比如一些 IT 公司的办公位是可以自己装饰的，包括工位的底色都可以自由选择，摆放自己喜欢的玩偶，公司 LOGO（标志）也由员工参与设计并投票决定。在制度设计层面，员工跟管理层的沟通、问题的反馈、决策的建议等都是开放的、自由的。公司会定期举办各种纪念活动、团建拓展、学习培训等来加强员工之间互动，从而提升团队的凝聚力。

②管理者对员工的关注和支持。组织的成功离不开员工的努力和付出，员工也需要组织对他们个人的工作情况、成长路径予以关注，帮助他们解决工作的困难。从组织层面出发，认可员工的成绩和付出，比如及时的表扬、动态观察员工的状态、及时了解员工心理需求，以增加员工对公司的认同感和忠诚度。

③激活员工的潜能。组织的竞争力说到底是人才的竞争，研究报告显示，员工的创新能力及团队合作精神对公司保持竞争优势至关重要，所以组织从资源分配、机制设计上激发员工的创新潜能。比如培养员工对组织工作的参与意识，鼓励员工提出合理化建议，公司制定专门的机制进行评估，采纳的可以颁布奖励。

6.2 南风法则：温暖是谁都不能拒绝的力量

南风法则也称为温暖法则，源于法国作家拉封丹写过的一则寓言。

在风的家庭中，北风和南风一直较着劲儿，他们都觉得自己比对方厉害得多。有一天，北风和南风比威力，看谁能把行人身上的大衣脱掉。北风先刮起一股凛冽的冷风、寒风刺骨，结果行人把大衣裹得紧紧的。稍后，南风徐徐吹动，顿时风和日丽，行人因为觉得春意上身，开始解开纽扣，继而脱掉大衣，南风最终获得了胜利。

这则寓言形象地说明了一个道理，在处理人与人之间的关系时，要特别注意讲究方法，南风和北风都想让人脱掉大衣，但方法不一样，结果也大相径庭。温暖胜于严寒，HR 要让管理者明白，在管理上要运用南风法则尊重和关心员工，对员工多点人情味儿，使员工真正感觉到领导者给予的温暖，从而去掉包袱，激发工作的积极性。

曾经在担任HR的时候，我并不知道南风法则，但曾用南风法则的道理解决过很多问题，处理的结果都还是比较令人满意的。在当时的公司中，培训部和人力资源是两个部门，新员工的入职培训由培训部完成，而新员工的跟进由人力资源部完成。在新员工的流失问题上，直接原因到底是入职培训导入，还是招聘上的问题一直争执不断。两个部门虽然有过开会协调、沟通改进，但实际上的效果并没有明显改进，导致我和培训部副经理有点小隔阂，虽然我知道工作上的事情不应该影响到个人情感，但实际上情感还是占据了上风。

在每年一次的人才盘点会上，培训总监跟我提议，希望晋升培训部副经理为正经理，由于培训总监入职时间不久，他希望听到我的建议，并告知了培训部副经理晋升的原因。我向培训总监反馈了我的建议：同意这个提议。培训部副经理入职多年，对在职的销售员工的培训做到体系化，几个高销培训实战项目达到了预期结果，副经理工作努力，经常出差、加班加点。同时我也提到了在新员工入职流失问题上，还需要两个部门共同加强完善。培训部副经理的晋升按公司的流程进行中。一天，培训部副经理找到我，她说听培训总监说了我对她的评价，她没想到我会记得她的成绩，以及看到她的努力，谈话中的她很激动。在提到新员工流失的问题时，她说会多去了解新员工的培训情况，以及尝试探索更多的解决办法。培训部副经理离开我的办公室时，我们以拥抱彼此结束了此次的谈话。

之后培训部副经理顺利晋升，她在培训的课程设计、团队的教练、跨部门沟通中表现得更加突出，培训部的工作也得到了大家的认可。在培训部副经理晋升的这件事情上，我只是表达了我看到的真实情况，坚持说真话也是岗位和自我要求的价值观。但没想带给培训部副经理的不仅是工作上的认可，还有情感上的满足和尊重，以至于让培训部副经理产生了一系列的优秀绩效行为。

我从中感悟到了，人与人之间的交往，与其心理互相对抗，不如给对方温暖的微笑——包括给对方的赞美、信任、友善、虚心、随和、亲切……

美国著名的情绪心理学家拉扎勒斯提出，当面临的事件触及个人目标的程度，是所有情绪发生的首要条件，但该事件的进行促进个人目标的实现时，会产生积极的情绪情感，反之，则会产生消极的情绪情感。目标是个人追求的一种生活境界，它表现了一个人的理想、愿望，对未来生活的一种期盼。一般存在三类心理目标：与生存有关的目标，与社会交往有关的目标，与自我发展有关的目标，简称为“生存目标，关系目标，发展目标”。如果某些管理行为能够促进员工的个人目标朝预期的方向发展，就会产生积极的情绪情感，反之，就会产生消极的情绪情感。

古人云，得人心者得天下。由此可见，获得员工的真心对组织是一种挑战。HR 和管理者可以运用南风法则温暖人心，增加员工对公司的情感吸引力。

①管理员工多点人情味。一天 24 小时，白天 8 小时的宝贵时间主要是在职场上，所以管理者要解决员工工作中的问题，以及关心员工生活中的困难，让员工感受到组织的温暖。

②尊重员工的话语权。让员工感受到被尊重和关心，让员工充分表达自己工作中的见解和才智，实现员工的自我价值。员工也会对组织“投之以桃、报之以李”，员工与组织之间实现双赢。

③激励员工因人而异。每个人在职场上的需求是不一样的，只有在管理上对症下药才能真正地温暖人心。比如比较有野心的员工，可以考虑扩大岗位职责；擅长独立思考的员工，可适当增加授权；设计岗位员工，可提供弹性工作时间等多种方式相结合的激励方式。

6.3 帕金森定律：领导的心思读不懂

我曾在一家集团公司的子公司担任 HRM 的职务，工作先后汇报给两任集团的人力资源主管（以下简称HRD）。

第一任HRD从公司成立时入职，完成了从招聘人员到人力资源体系建设，人力资源部服务于集团总部及下属的3个子公司。第一任HRD将集团人力资源部编制定为6人，人力资源工作按模块分类，每个HR负责1～2个模块。集团HR对子公司HR提供制度和政策类的上传下达，子公司HR负责执行集团制度和政策，以及支持子公司业务发展。第一任HRD非常具有个人魅力，亲和力和沟通力强，人力资源专业度也很高。我们能跟她随时沟通，遇到重大事项或突发事件，她也会提供建议和方案，以及帮助协调解决。后来，第一任HRD因个人的发展离职了。

第二任HRD属于比较严肃型和细致型的领导。入职半年后，公司进入了快速发展期，她重新调整了部门的工作，增加了集团的人力资源部的编制。每个模块由专人负责以及增加了支持子公司的HRBP（Human Resource Business Partner，人力资源业务合作伙伴）角色，目的是将人力资源工作更加细化和完善。同时对集团人力资源部人员重新做了盘点，对原有的部分HR也做了调整，有的进行了调岗，有的则是劝退了，劝退的理由是不符合调整后的岗位要求。

集团人力资源部重新调整后，对于我们子公司人力资源部来说，原来找一个人能解决的问题现在需要找几个人。如果是两个HR岗位之间衔接的工作，则确认和沟通的时间会更长一些，有时一拖再拖也就没有结果了。集团增加人力资源编制后，我们不但没有感觉到效率和质量，反而增加了流程的复杂性。而新任HRD则强调授权给集团的HR，让我们不要越级汇报工作，需要协调的问题由集团的HR处理。渐渐地，不能解决的问题越来越多，有问题我也不主动反馈了。

感恩在那段日子里，遇到工作中解决不了的问题会联系第一任HRD，听她给的专业建议和解决思路。她的正能量也影响着我，让我在工作中不要那么焦虑。我一直认为我跟第二任HRD的管理风格不匹配，可能我是追求短、平、快，而她则是细致稳妥的风格。当我意识到这个问题无法突破后，恰逢有新的工作机会出现，所以我选择了离职。离开了一段时间之后，集团的一位高管联系我，谈到了公司现在的情况，话语中评价了第二任 HRD 处理问题的方式方法，其他部门跟她配合工作也遇到了跟我同样的问题，很多事情日积月累无法得到解决，人力资源部的反馈成了问题的瓶颈，公司对人力资源部的不满也越来越多，最后，她可能是迫于压力选择了离职。

19 世纪英国著名学者诺斯古法·帕金森通过长期调查研究，写出一本书名为《官场病》，书名又叫帕金森定律。该书在阐述英国官僚机构人员膨胀现象时，提示了这样一个原理：

$$x=(2km+i)/n$$

x 为行政部门每年需要增加的职员人数，k 表示一个要求增派助手达到提升目的的人，i 为 k 被任命到退休期间的年龄，m 是部门互相扯皮而耗费的劳动时间，n 是被管理的单位数。

帕金森这个公式揭示了各部门用人越来越多的秘密，部门经理宁可找两个比自己水平低的助手，也不肯找一个跟自己势均力敌的下属。

对于一个不称职的管理者，他可能有三条出路：一是申请退职，将位子让给能干的人；二是让一位能干的人来协助自己工作；三是任用两名水平低的助手。对于这位不称职的管理者来说，第一条出路是走不得的，因为他会失去许多利益；第二条路同样也不能走，因为那样会使自己多出一个有力的竞争对手，看来只有选择第三条路最为适宜。于是两个平庸的助手分担了他的工作，而自己则能高高在上发号施令，同时也没有人成为自己晋级的障碍，而下级既然能力不济，他们又会上行下效，为自己找两个更加无能的助手。帕金森定律较为深刻地分析和揭示了人多反而会导致工作效率低下的现象。如此恶性循环，就会形成机构重叠，人浮于事，扯皮推诿，效率低下的行政管理体系。俗话说，铁打的营盘，流水的兵。HR 会遇到中层或以上管理岗位离职又新招时，其所在部门人员和岗位调整又新增，这些看起来合理又充分的理由，实际上很有可能出现了帕金森现象，就如同我遇到的第二任 HRD 时出现的情景。帕金森现象的出现，跟选人用人、岗位设计等 HR 专业活动密不可分，所以提示 HR 需要知道以下几点：

◆ 人员配置。

管理者都喜欢增加下级人数，人员增加后又因人设事，导致人员增加，组织规模变大。人员配置应该考虑公司投入产出比、公司规模、发展阶段等指标设置。

◆ 人员选拔。

科学的选拔方式，避免部门经理选取不如自己的人来做下属，而造成资历越老或是职位越高的人，越容易挑选素质和能力比自己差的人，以免对自己的职位产生威胁。

◆ 合理预算。

如果预算越高，支出必然相应增加。如果部门预算花不完，下半年就可能削减，所以需要制订合理的预算体系。

6.4 换位思考：情感管理得人心

现代组织当中，不公平行为可能会引起员工的负面情绪，员工会根据企业的情感规则来调节自己的情感，表达情感的过程即为情感性劳动。情感性劳动分为两类：一类是表面表演，员工伪装自己表现出来的情感，掩盖自己的真实情感，假装符合管理者的要求，适应组织要求的情感规则。因为表面表演是伪装的，所以负面情绪对表面表演类型的员工影响不大；另一类是深度表演，调节自己内心的情感以与表现出的行为相一致。如果真实情感与要求表现不一致时，必须更加注意自己的言谈举止，设法改变自己的真实情感。由于深层表演与员工内心的真实情感密切相关，所以遇到不公平待遇时，负面情绪会伤害到深层表演的员工，最终会影响员工的工作状态并造成消极怠工的结果。

组织的公平性和服务的公平性决定了员工负面情绪的产生，而公平性的标准有时是相对的，所以作为一名管理者，需要站在员工的角度换位思考，才能洞察员工认为的公平性，从情感关怀出发，减少员工在工作中的负面情绪。换位思考是一种科学客观的思维方式，体现在处理事物矛盾和人际关系的行为方式和方法上，管理者能站在员工的立场上，从对方的角度去客观地、真实地观察分析和解决处理问题。换位思考的原则是要求人们知人之难，理解别人的难和不易，多想别人好且少记别人的坏。

受到不公平的待遇而产生的委屈总是让人记忆深刻，所谓“吃一堑，长一智”不无道理。HR 在面对员工和公司时，时常会面临解决两难的问题，而又深陷在两难之中，换位思考会让解决问题有新突破。

我曾应聘到一家外资企业担任人力资源部负责人，下属有 1 名人事经理和几位助理。公司自成立开始人事经理就入职了，公司的人基本上都是她招聘的，可谓跟公司一起打江山的元老，也曾是公司的核心成员。随着公司高层的变动，新接手的高管团队对人事经理的工作不太认可，所以我才有机会入职，希望我来处理这个问题。入职前我大致了解这件事，心理虽然有顾虑——我将面临风险，但考虑到职位的吸引力及发展平台，我还是接受了这个机会，当然内心是忐忑不安的，若不能妥善解决，可能失业的人是我。

依然清晰得记得入职当天，人事经理穿着整齐漂亮的服装在前台等我——我没有见到剑拔弩张的敌意，看到的是一位耿直、能干的职业经理人。在办理入职的交谈中，得知她早已收拾好了东西，如果跟我无法配合工作，她决定辞职离开。她之前为什么没有离开呢，更多的是不甘心，不愿意随意放弃自己为之奋斗了几年的平台。人事经理基本素质还是不错的，也有很好的学习能力及上进心，我告诉人事经理，不用着急离开，我的工作需要帮助，而且我们也没有配合过，合不合适还不能断言，我仿佛在她的眼睛里看到了疑惑。在之后的工作中，我跟人事经理做了深入的问题分析及工作梳理，也帮助她了解一些有难度工作的重点和要点，我想在哪里跌倒就应在哪里爬起来。一方面帮助人事经理成长，一方面让高管看到人事经理的改变，从而让他们转变对人事经理的看法。功夫不负有心人，高管逐渐认可人事经理的工作，同事们也反馈人事经理的变化比较大。

入职后，我了解到人事经理被现任高管不认可是有原因的：她原来是线性汇报关系，直接汇报给总经理，后来所有高管人员变动，她所处的环境是组织变革期间的复杂环境。在新老高管交替工作的敏感期，人事经理缺乏灵活的应对经验，在处理问题时有些措手不及，给新任高管留下了不专业的印象。我有时会思考，我适合的上级是什么样的？专业的、强势的、包容的……

我想可能都不够准确，我认为应该是信任她，用自己的眼睛去观察，用心去体会。最后，通过我与人事经理的共同努力，人力资源部的工作得到了高管的认可，我们也成了工作中的好战友，生活中的好朋友。

这段经历对我而言，能站在对方的角度去思考，是取得双赢事件的关键。

换位思考之所以能收获让双方都满意的结果，主要原因有以下几点：

◆ 换位思考强调的是合作。

使用换位思考表达了对对方的关切，从而能够促进双方的沟通，降低相互冲突和摩擦。在日常沟通的过程中，人们都有自我中心化的倾向，而不愿意考虑对方的利益。换位思考能减少固化的偏见，设身处地从对方角度考虑。

◆ 换位思考增强彼此的信任。

当表达出对方关注的需求时，对方也会透露更多的想法，有助于双方进行信息的分享，彼此将提升公平感和信任感。

6.5 皮革马利翁效应：表扬调动员工的积极性

皮格马利翁效应来自希腊神话。传说中皮格马利翁是希腊神话中的塞浦路斯国王，他热爱并擅长雕塑，对亲手雕琢的女性雕像产生了爱慕之情。

他真挚的爱情和热切的期望感动了爱神阿芙狄罗忒，爱神赋予了雕像生命，皮格马利翁与有情人终成眷属。皮格马利翁效应指人们基于某种情境的知觉而形成的期望或预言，外界的期待可以促使人更加自信，进而以积极的态度面对生活。

1968年，美国心理学家罗森塔尔等人做了一个实验。他们到一所小学对所有学生进行“预测未来发展”的测验，然后把他们认为具有发展可能的学生名单通知教师并嘱咐教师对此“保密”。8个月后，当他们再次对小学生们进行智能测验时，凡被列入此份名单的学生成绩普遍提高，而且与教师的感情也特别深厚，同时教师们也给了他们良好的品行评语。然而令人惊讶的事实是，这份名单并非根据测验结果确定的，而是实验者随机抽取的。罗森塔尔等人分析后认为，在“权威性”名单暗示下，教师对名单上的学生产生了心理期待。教师们对这份名单深信不疑，在教学过程中通过语言及表情表现出对名单上的学生的厚爱和期待。这些学生在老师的关注和期待中，也会感到自信心增强，获得了积极进步的动力。罗森塔尔等人把这项实验命名为皮格马利翁效应。

皮格马利翁效应可以体现在组织对员工的期待，组织通过不同的方式表达对员工积极工作表现的期望，员工在行为上会追求组织的期望目标，并保持组织认可的工作状态。大量研究表明，决定员工个体内部发生改变的三个决定性因素包括：自我期待、个人潜能、显在能力，其中自我期待可以促进个人潜能的开发，促进潜能转化成显在能力；也会激发员工的显在能力进一步提升。在自我期待的作用下，个体内部就可以形成一个简单的良性循环。

而组织作为个体的外部环境，能够推动员工的自我期待。

管理者在实际管理中运用皮格马利翁效应会有意想不到的收获和效果。

实际工作中的一个例子，公司的两个销售团队，各由一名销售经理负责，这两名销售经理都是从公司内部晋升，个人的销售技能和业绩都是公认的，只是管理风格上完全不同。两个团队的人数差不多，销售任务和压力也旗鼓相当。甲团队的人员积极性高，人员稳定，销售额也是稳定增长。甲团队氛围好，成员之间经常互动、学习，互相欣赏和鼓励是常事。反观乙团队人员狼性十足，但是人员流失率高，销售额随着人员的流失而有所波动。从销售结果来分析，两个团队业绩也不相上下；但从过程来观察，甲团队的人员稳定，甲销售经理在人员管理方面相对宽松。乙销售经理好像救火队员，招聘压力的问题，新人管理的问题等，做得确实比较辛苦。在一次管理座谈分享会中，甲销售经理分享了他使用“皮格马利翁效应”的实践，在销售管理中不断地创造出下属的期望，如果下属期望值高，他们的工作效率也可能更高。适当的激发和管理就能不断激发下属的潜能。

①了解员工的心理和性格特征，善于把握员工的期待来调动员工的积极性，在合适的时机给予员工真诚的赞扬。赞扬一个人是最简单、最直接的激励良方。甲销售经理说，他会在每个员工有进步时及时给予赞扬，要做到“及时发现”就要不断观察他们的行为，发现员工进步就通过不同的形式给予表扬。甲销售经理的秘诀就是“行为记录+每周复盘”，将人力资本价值激活。

②建立员工的成长空间，结合员工的个人潜能和显在能力规划他们的发展路线。甲销售经理与员工之间互动得多，与他们之间建立了非常信任的关系，所以了解每个员工的职业方向，再结合他们自己的潜能，甲销售经理向他们描述了未来自己的模样并据此制订了详细的提升计划及学习目标，向员工传达了“公司为每一个员工提供机会，你心有多大，舞台就有多大”，员工也按着描述的未来样子在不断地努力。

③利用“权威”向员工提出期望，具有专业知识和技能的管理者或专家有一定的影响力。一方面权威专家在行业里的威望，他们的话语具有较高的可信度，专家的话对员工个体更具影响力，从而鼓励员工朝更好的方向努力；另一方面员工也会以“权威”作为学习的榜样，以榜样的标准为目标，不断的追求自己的目标。

6.6 自我效能：我行故我在

在管理实践当中，管理者会遇到各种不同的人，有的员工具有非常丰富的专业知识储备，工作能力也比较强，但是遇到有困难的工作任务时总是很排斥，也没有接受的勇气，不愿意承受工作中的压力，更多的时候是被动地接受现状，缺乏行为上的主动性。对于组织而言，在市场竞争激烈的今天，员工的主动行为对企业的生存和发展至关重要，在日常工作中，我们常说“往前多迈一步”“多学习一些专业技能”也是在挖掘员工积极主动的态度。

但如何激发员工的积极性和主动性，也是管理者需要面对的重要问题。

员工主动行为影响因素有员工个体层面和组织情境层面，在员工个体层面，自我效能感、心理安全感、心理授权、学习目标取向和未来导向是员工主动行为的重要因素。在组织情境层面，员工更容易做出主动行为。自我效能感的概念最早是著名心理学家阿尔伯特·班杜拉提出的，是指在某一特定情境下个人相信有能力执行或完成某项任务或工作。班杜拉认为自我效能感影响效果有四种：应对方式及情绪反应、行为选择、努力程度及持久性、预测绩效。

对员工个体而言，是否努力工作，与自我效能感有密切的关系。

员工受个体差异的影响，每个人的自我效能感程度也不一样。自我效能感并不是一个人真实工作能力的表现，而是员工对自己的一种主观判断，在这种主观因素的条件下，影响着员工的工作状态和工作绩效。自我效能感高的员工期望值高，遇事理智处理，乐于迎接应急情况的挑战，能够控制自暴自弃，需要时能发挥智慧和技能。在工作当中表现为积极的工作态度，遇到问题时不会绕道走，遇到挫折时也表现出较强的复原力，同时抗压能力也比较好。高自我效能感的员工在工作中表现出更好的适应能力。

现代组织对员工的一项能力要求，即在不确定环境下的创新能力。自我效能感也影响着员工的创新能力，自我效能感强的员工具有更强的创新能力，以发散的思维方式创造出新的产品。发散思维是从已有的信息出发，尽可能向各个方向扩展，提出多种不同问题的解决方案。单向思维大多是低水平的发散，多向思维才是高质量的思维，在思维中需要多提出“假如……”“否则……”之类的问题，换不同的角度思考问题，想之前没有想过的问题。培养发散思维重要的一条就是大胆质疑，自我效能高的员工往往相信自己的判断，从而更自信地表达质疑的观点。

从员工个体的角度出发，自我效能感的影响因素包括以下几个方面：

◆ 个人自身的成功经验。

效能信息源对自我效能感的影响最大。一般来说，成功经验能够增加员工更强烈的责任感，提高对自身能力的肯定，相信自己是能够胜任本职工作，且能高效地完成工作任务。所以在制订绩效指标时，能让员工努力完成任务，员工不但有成就感，还能提升自我效能感。

◆ 替代经验。

员工的自我效能感高低也源自观察周围其他员工的行为，受到其他员工行为的影响。当看到周围的员工努力奋斗获得成功时，员工个体会觉得自己的水平和周围的同事差不多，如果自己付出努力也会得到期望的结果，从而增强了自我效能感。

◆ 言语劝说。

符合实际情况的言语劝说能增加个体的自我效能感，比如你完成了一项很有难度的工作，领导和同事对你完成工作的结果给予赞扬，你的个人荣誉感就会增加，自我效能感也会提高。之后的很长一段时间，提到你的工作表现，领导和同事都会对你非常认可，他们的态度对你的自我效能也能起到影响。优秀员工评估、晋升机制、轮岗等制度同样能提高员工的自我效能感。

◆ 情绪唤醒。

积极情绪有助于增加自我效能感，当一个人正处于积极情绪时，也就是我们常说的好心情时，整个人的状态是处于现在进行时，工作上的行为表现更积极主动，工作效率会提高，自我效能也会提升。

自我效能是横扫心理健康领域的积极心理学运动的主要特征，其重点是发展性格中的优势，自我效能可以增加个体解决问题的决心，在遇到困难挫折时表现出韧性和抗压性。这些特质对于现代企业来说是非常重要的，如何能培养员工增加自我效能感，组织可以通过以下途径实现：

◆ 帮助员工建立合理有效的目标。

员工发展需要双目标，一是完成当下工作结果的目标，二是员工职业发展的目标。制订的目标明确，行动力动机才更强，管理者在工作中的引导和鼓励，当员工达成每一个既定目标时，自我效能就会不断加强。

◆ 树立榜样的形象。

榜样就如同偶像一样，企业在不同的发展阶段，找到具有代表性的员工作为大家的榜样，将榜样的行为和工作态度作为标杆，潜移默化影响大家。以榜样作为努力的方向，不断提升自己的专业技能，员工的自我效能感也会加强。

◆ 建立良好的团队氛围。

互助有爱的团队氛围对提升员工自我效能感也有帮助，比如经常做一些团队活动或是培训学习，跨部门工作合作都有助于建立良好的工作氛围。良好的工作氛围会促进员工的工作状态，比如让员工感受到温暖，工作的专注度也会较高；员工在受挫折时也会被给予及时的帮助和关心，也有助于提升个体的自我效能感。

6.7 杜利奥定理：热情投入的力量

“你的热情好像一把火，燃烧了整个沙漠”，一首耳熟能详的歌曲，唱出了热情的力量。热情是一种情感或态度，个体表现出对他人或事物的热烈、积极、主动、友好的状态。热情与人的价值观有关联，是一个人态度、兴趣的表现。人与人之间的差异很大，你是热情积极的心态还是冷漠消极的情绪，会对你的人生产生不同的结果。

在工作当中，面对困难和问题时，具有热情积极心态的员工会从不同的角度来看待，认为是提升自己的能力，扩大知识面，增加处理问题的方法，总之都是沿着正向的路径思考，从实际的结果来看，具有这样思考方式的人也容易找到解决办法。反观冷漠、消极情绪的人会有各种借口和抱怨，认为遇到的困难和问题都是别人给的障碍或是自己运气不佳，处理困难和问题时也是退缩的态度，在执行工作中很难以更高的目标要求自己，从而职业发展也会受限制。

美国自然科学家、作家杜利奥提出的观点：没有什么比失去热忱更使人觉得垂垂老矣，精神状态不佳，一切都将处于不佳的状态。这个观点被称为杜利奥定理。许多的成功大师在成功的路上都提出过热情在行为当中的重要性，比如作家拉尔夫·爱默生说："一个人如果缺乏热情，那是不可能有所建树的。热情像糨糊一样，可让你在艰难困苦的场合里紧紧地黏在这里，坚持到底。它是在别人说你'不行'时，发自内心的有力声音——'我行'"。

日本著名的管理学大师稻盛和夫指出，热爱工作是点燃工作激情的火把，无论做什么工作，投入热情、全力以赴，都能产生很大的成就感和自信心，也会产生挑战下一个目标的积极性。

一个追求成功的有识之士，追求成功的热忱越强烈，成功的概率就愈大。

麦当劳的老板克罗克的故事很好地说明了这一点。

克罗克一出生，就与一个本来可以发大财的时代擦肩而过——"西部淘金"的运动结束了。而正当他准备上大学时，又迎来了1931年的美国经济大萧条。他不得不辍学去搞房地产。可房地产生意刚有起色，第二次世界大战又打起来了。人们都只顾逃命，哪有心思买房？于是房价急转直下，克罗克又是竹篮打水一场空。这以后，他到处求职，曾做过急救车司机、钢琴演奏员和搅拌器推销员。但似乎一切都不顺，不幸几乎就没离开过克罗克。

尽管如此，克罗克仍是热情不减，执着追求，毫不气馁。1955年，在外面闯荡了半辈子的他空手回到了老家。在卖掉了家里的一份小产业后，克罗克开始做生意。这时，他发现迪克·麦当劳和迈克·麦当劳开办的汽车餐厅生意十分红火。经过一段时间的观察，他确认这种行业很有发展前途。当时克罗克已经52岁了，对于多数人来说这正是准备退休的年龄，可这位门外汉却决心从头做起，到这家餐厅打工，学做汉堡包。后来，他毫不犹豫地借债270万美元买下了麦氏兄弟的餐厅。经过几十年的苦心经营，麦当劳现在已经成为全球最大的以汉堡包为主食的快餐公司，在国内外拥有7万多家连锁分店，年销售额高达近200亿美元，克罗克也被誉为“汉堡包王”。

杜利奥定理表明了一种对工作或生活的态度，积极的态度是一种对人生信念执着的追求，在职场上表现为对完成工作目标的锲而不舍，以及对工作结果的精益求精，百分之百完成任务只有一个目标，而执行偏差有无数个理由。可见，做到“执着”的工作状态不容易，这就是为什么管理阶层是成金字塔状的，毕竟能出色的完成工作并晋级到管理岗位的员工是少数。每个员工都有自己美好的职业向往，希望自己仕途坦荡、前程无量，但只想着美好的愿景不行，想真正拥有这美好的愿景，就必须有一个积极的态度，并付之于行动。

现代职场管理当中，如何一直不断让员工保持热情是个长远的话题，作为管理者和HR需要掌握一些方法去激发员工的工作热情：

①明确合理的目标，包括长期目标和短期目标相结合。目标是明确员工的努力方向，以及完成目标后的成就感是员工不断保持热情的方法之一。每一个目标的实现也能体现员工自我鞭策的能力，从而增加员工的工作热情。

②在工作岗位上学新的知识，增加岗位对员工的吸引力。新的知识包括两个方面，一是工作的难易程度带来的经验，以及岗位中的专业知识；二是工作职责的扩大化需要学习的新技能。

③管理者认可员工的付出，及时给予认可和兑现奖励承诺。上级对员工工作的认可会给员工的工作热情和积极态度带来影响，激发员工正向竞争心态。

6.8 乐观主义：工作总是充满希望

社会心理学理论中的情绪一致性、情绪泛化假说认为，人们会倾向做出情绪态度一致的判断（认知性评估），乐观情绪会诱导个体对问题做出乐观预测，而悲观情绪将会对问题做出悲观估计。社会心理学的模型分析与实验研究表明，决策的风险和问题的不确定性越大，情绪对判断的影响就越大。

现代组织所处的商业环境是一个VUCA的世界，即不稳定（Volatile）、不确定（Uncertain）、复杂（Complex）、模糊（Ambiguous），所以乐观或悲观情绪是影响管理决策行为的重要因素。只有个体自身积极乐观的品质和力量才能预防和解决问题，其中乐观主义作为工作特征的重要中介变量，可以缓解工作压力。

在不确定的商业环境下，现代职场中的员工压力很大，多数人承担着繁重的工作负荷，加班似乎是一种常态，在这样的工作状况下，总会有一部分人没有被“累垮”，他们喜欢工作带给他们的变化和挑战，虽然他们可能比其他同事在公司加班的时间更长，其中有一个很重要的原因就是员工内在的乐观主义。乐观主义有助于他们克服工作中固有的压力，跟团队成员一起克服压力。

中国文化中的乐观主义包括个人对人生积极向上的期望，能愉快地接纳现实工作和生活的豁达，面临困难也能坦然面对，并能调节自己的心态。善于发现工作和生活中美好的东西，保持愉悦和平和的情绪。研究者认为，乐观是人格中的稳定特质，分为两种：一种是乐观人格倾向，具有乐观人格倾向的人对未来积极事件发生的一般期望；另一种是乐观解释风格，将积极事件归因为内部的、稳定的、普遍的原因，将消极事件归因为外部的、不稳定的、具体的原因，具有乐观解释风格的人称为乐观者。

那么乐观主义究竟是自我选择的原因还是工作的内在性质把员工培养出乐观性？Jason Dolfi和Edwin Andrews曾对项目经理的乐观主义做了调查：

工作五年或少于五年的平均乐观主义得分是4.0分（总分7.0分），工作六年或六年以上的平均得分是4.3分，而工作十五年或更长时间的平均分是4.4分。项目经理的自我信念和自信心随着经验而增长，并不断融入他们的情商和对成功的理解。当项目经理的自我信念和自信心增强时，成功是一个自我预言的实现，这就说明项目经理的自我选择和工作的内在性都在发挥作用。

回顾我的职业生涯轨迹，乐观主义也起着重要作用。刚入人力资源行业的时候，我既非专业的科班出身，也没有过人的才智，除了学习过一点人力资源的理论知识之外，没有任何的实战经验可言。刚开始工作的时候，哪怕是一张工资报表涉及的个税、社保等内容，对我来说都是一无所知。如果工资表被上级审核出了错误，造成的后果可想而知。一方面承担着边学边干的压力，一方面承受着可能犯错的风险。不知道是哪里听来的一句话深深的影响着我：生活总是充满希望，后来我又给自己演绎了两句：不要在原地摔倒，要在拐弯处加速奔跑。于是，我一边干一边总结：同样的错误不能犯第二次；正常完成的工作有没有改进的空间，或是其他更有效率的方法；接受新工作的挑战……随着我的经验不断增加，我更有自信去做好从来没有做过的工作，我对前途和未来也更加乐观积极。

重要的情商因素：积极性、责任感、自知和情绪都与乐观主义有关，乐观主义保持和提高了积极性，积极性也驱动着乐观主义。自我信念和自信心也来自乐观主义。乐观主义能让你在遇到挫折时勇敢地爬起来，相信自己能迎难而上克服逆境。同时乐观主义还能降低职业倦怠，改善工作绩效和促进职业认同，乐观主义的个体能有效地应对压力，减少焦虑和抑郁的消极心态，提高工作满意度。乐观主义的员工也会影响组织中的他人，不但能改善自己所在的团队，也能影响到跨部门的其他团队。

乐观主义虽然是一种稳定的心理品质，但并不是不能改变的。个体先天的基因决定了一个人的乐观基准线，不同的人会有或多或少的差异。但后天的经验和学习会加强其乐观或悲观的程度。作为积极心理学核心概念“心理资本”，经济学家舒尔茨认为心理资本是企业竞争的优势范畴，包括自我效能、希望、韧性、乐观和复原力。心理资本从侧面反映出乐观水平的高低，可通过开发心理资本提高乐观水平，比如，“开发希望”，可以鼓励员工用积极的心态面对可能出现的困难和障碍，勇于接受具有挑战的工作；“开发乐观”，培养员工乐观的心态，把解决问题当成工作的一部分；“开发自我效能”，通过制订工作计划，在不断完成的目标中提高自我认知的能力；“开发韧性”，培训员工在逆境中的积极的工作状态，在问题面前迎难而上，不断提高自己的工作能力。

6.9 突破思维：解决职场中的麻烦事

麻烦事就是所谓不好解决的问题，它们的存在是一件让人不开心的事情。

对一个专业的HR来说，解决人的问题是其核心业务，但每个人都是独立的个体，有着不同的独特性和特殊性。一方面要设计统一的规范和标准，目的是让全公司上下能够思想和执行一致，另一方面每一个人对规范的制度都有各自不同的理解和认知。HR需要在无情的制度和个性的人员之间找到不同的平衡点。

每当提到HR所遇到的困难和问题，我都有种思路如泉涌的感受，在推动组织变革路上，有不同的问题需要解决，纵使你认为已全力以赴，也会有不同的状况出现。如果不能正确理解问题，就会陷入不停地解决一个又一个的问题中。

有一件让我印象深刻的事情，经过金融危机的HR是否还记得那年企业的“寒冬”？我所在的公司也因为销售和回款等原因面临着现金流的巨大压力，当时管理层在探讨这个问题时，提出了两种解决方案：一是降薪，二是裁员。经过反复研究，公司决定以降薪的方式与员工们共度寒冬。公司考虑大家基本的生活保障，所以只调整了绩效薪资的部分（绩效工资与基本工资的比例有6:4，7:3，8:2，级别越高，绩效工资比例越大）。通过管理层开会、部门周例会时沟通；在调薪签字时一对一的沟通；事前做思想工作、事后做回访沟通；本着尽量不要让大家有过多抱怨的原则。但在实际执行中，还是有一些员工不满意，并且直接投诉给了老板。在老板不断地安慰和反复的沟通中才平复此事。

不出意料的，老板还是认为我考虑不周。我当时是很不服气，理所应当地认为不是我的责任。该说的，该办的我都认真去执行了，感觉自己实在是有些冤枉。离开老板办公室，我心情很不好，认为自己是替罪羊、受气包，以至于不良的情绪好久都没有散去。从我的角度、员工的角度、老板的角度来看，这件事情都有各自的立场，各自都认为其他人有做得不到位的地方，所以都表达出了各自不满意的情绪。

我想这样的例子，无论在工作还是生活中都不少见。当我们遇到问题的时候，经常会着眼于思考如何解决这个问题，急于找到问题的解决办法，原因是问题的存在让我们感觉到不舒服，为了早些摆脱这种状态，我们会让问题尽早得到解决，而我们往往忽略了问题的本质。对于问题本身理解不足会导致一系列的问题产生。

以我遇到的上述情况为例，公司遇到困难是现金流的压力问题，首先，公司把降绩效作为减少现金流的方法。人才是企业最重要的元素之一，为公司创造的价值也无法估量，公司成也在人，败也在人，但是遇到经济问题，公司首先考虑的是裁人或减薪。这就是急于找到解决问题的办法，而不是全盘考虑，在增加企业现金流的问题上，有没有其他办法，如缩减开支、减少生产、减租办公场地，最后即使需要减员、降薪，也要让员工一起参与方案的投票或是讨论，而不是单方面决定后通知。员工受不到尊重，自然会产生“反抗”的情绪。

我们记忆深刻的知识或是经历总是容易被大脑提取，比如我们在看到这段文字的时候，应该都没有不认识的字，原因就是这些文字已被我们固化在脑海中，一旦见到马上能认识并以最快的速度，最短的路径提取出来。当我们遇到问题时，大脑也会先从过往的经验中提取一种有效的解决方法。如果这个问题是新遇到的，在过去的经验中没有出现过，而我们以尝试唤醒过去经验的方式来解决这个新问题时，其实是以回忆的方式来思考，这样的思考方式会跟真正的解决方式之间产生冲突，其本质是没有对症下药，使问题变得更加复杂化。

所以我们在面对问题的时候，首先要做的不是尝试去解决它，我们应该先让大脑安静下来，不要用我们自己经验的局限性去诠释问题，而是应该安静地理解这个问题，让大脑回归安静时，我们才能看清问题的全部内容，才能去真正的思考。问题的解决有以下几个方面的考虑：

一是在思考问题时分为感觉层面和理智层面。当你遇到一个问题的时候，感受到这个问题的存在是一种阻碍时，我们都会有不舒服的感觉，这种就是感觉层面的，也是最低程度对问题的了解。为了解决感觉层面的不舒服，我们就会急于寻找解决办法。一个问题的存在，除了让我们不舒服之外，还有其他的因素，如为什么会出现这个问题，这个问题都涉及哪些人或事，对这件事情影响的关键点是什么等，这些要素因为没有直接影响到我们的感觉层面，没有让我们不舒服，所以我们会直接忽略掉，而这些因素是理智层面的要素。

二是觉察与自知。个体安静的觉察是对所有事物本质的理解，不断地感知自我和外界之间的关系，对自我产生的思想和行为都能随时观察到，每一次都对自己是全新的认知。没有任何人能帮助你了解自己，只有自身不断的觉察才能将自我转化。随着自我认知的不断深入，所有对问题的判断和决策才能减少错误的概率。

第7章 离职员工管理要留心

7.1 羊群效应：领导离职人心散

俗话说“兵熊熊一个，将熊熊一窝”，可见领导的行为对下属的工作业绩是正相关的，一个团队的领导对于团队的重要性可想而知。曾经有研究指出，中国员工对组织的支持感不同于西方人，西方人把组织的支持作为一个整体满足自尊的需要，而中国员工对组织的支持却从工作动机的三个不同方面来体现，即关注员工利益是满足生存需要，价值认同是满足自尊的需要，而工作支持是满足成长的需要。

美国耶鲁大学的克雷顿·奥尔德弗（Clayton·Alderfer）在马斯洛提出的需要层次理论的基础上，进行了更接近实际经验的研究，提出的ERG人本主义需要理论。奥尔德弗认为，人们共存在3种核心的需要，即生存（Existence）的需要、相互关系（Relatedness）的需要和成长发展的（Growth）的需要。

我所在的零售行业的领导对人员流动情况的影响比较有代表性。零售行业属于人数比较多、人员分布广的行业，每个城市有几个到几十个不等数量的店铺，每个店铺都有2～10名不等数量的员工，以及一位店长组成。有的店长在公司十多年，无论是从店铺业绩、人员稳定性以及高销员工数量在公司排名都是数一数二的。经过人力资源部访谈及了解，这些店长对员工的关怀都如家长一样，店员的生日大家一起庆祝，谁家父母来了会亲自去探望，店员有什么困难时也会鼎力相助。在利益方面也会充分考虑店员的实际情况，在店员临时有事时或突发事件时，比如公共交通工具故障等，店长会尽量给调班，以减少无薪假带来的工资损失。店长也会在销售方面指导店员的销售技能以及帮助店员做销售，对于不同店员会用不同的指导方式，以让店员销售增加提成。这种对员工切身利益的关心，增加了员工对组织的价值认同，也增加了员工对组织的忠诚度。同时，店长对员工的技能指导也满足了员工对成长的需要。这样的店长真正了解的是员工的实际需要，真诚地关怀员工，也打消了员工的离职意向，降低了员工的离职率。

在零售行业中，店长的离职对组织的伤害是比较大的。一方面，店长离职时，店员有一段适应期需要过渡。店长刚离职时，店员的感受是轻微而被忽视的，比如现场有突发情况可以直接问店长，虽然可以打电话请示区域经理（店长的直接上级），但还是需要自己去处理，无疑中增加了店员责任和压力。对于不愿意承担领导责任的店员来说，适应期的不良反应可能导致店员个人绩效的下降和身心健康的下降。随着类似的情况慢慢地累积，将会产生负面的后果，组织将承担所有的风险。另一方面，在新店长上任时，新店长的管理风格会对店员有影响，比如是参与型领导、放任式领导还是权威型领导，不同的领导风格没有好坏之分，只会让店员有不同的感受。有的店员属于敏感型，一旦感觉跟之前的领导不一样了，就会有离职倾向。

通过一些机构的实践研究报告也说明了上级的因素对个人员工离职的影响，比如美国 Hewitt 公司 2002 年对 20000 名刚离职的人员进行了调查，结果发现大多数人离职并非由于薪资问题，而是由于上级领导的原因。员工提及前六位的原因分别是：主管问题、工作生活平衡、工作中学到知识、文化环境、与同事的关系、薪酬。另外一个根据 Courtney Rogers of the Novations Group 的调研结果，以下四个因素与员工满意度及稳定率有正相关，分别是：与主管的关系、组织诚信、职业生涯的发展、奖励与薪酬，而影响员工是否留在企业的三大主导因素为：与主管的关系、提高自身能力的机会、共享财务成果。从某种因素上说，主管因素是属于组织因素的一部分，是影响离职的一个重要的决定性的隐性因素。

当员工对当前工作状况不满意，期望改变现状时，就会有离开组织的想法或意图。上级领导的行为对员工的离职有重要影响，上级领导的以下行为能加速员工离职倾向：

①上级领导非善意的行为给员工造成的不安全感，如不履行自己的承诺、语言粗鲁无礼，对下属员工漠然不关心，公开批评嘲弄下属员工，使员工感受不到组织的支持与关怀，造成组织与员工之间的破坏力，减少了组织对员工的吸引力，员工就会产生离职的意愿。

②上级领导对员工的督导不当，上级领导既没有责任感也没有担当，减弱了下属与组织的联结度，比如有的上级领导对下属的工作进展不闻不问，干得好都是上级领导的功劳，下属也得不到任何表扬；而犯错了都是下属的责任，上级领导推脱得一干二净。下属认为没有任何的依赖和信任，找不到归属感。

③上级领导对员工的负面情绪的影响。下属无法获得上级领导的工作支持和情感支持时，就会增加下属的工作压力，而当下属接收到的是上级领导的负面情感时，如指责、批评等，将会导致下属出现情绪疲惫的问题。情绪疲惫是由于下属受到了上级领导的负面情绪的影响，而要不断调整自己的情绪时，下属自我的情绪资源就会被不断地消耗，为了保护自己的情绪资源，所以会选择脱离现在的情境。

7.2 提前预防：职业倦怠期来了也不怕

1974年，美国临床心理学家弗洛登伯格第一次提出职业倦怠的概念，将职业倦怠定义为由于时间过长、工作压力过大、工作强度过高而导致的一种疲惫不堪的状态。由于资源以及个体自身能力等方面存在较大的差异，而工作对于个体的要求远远超出个体自身的水平，就会造成个体情绪低落，工作提不起兴趣，从而产生离职的想法。有经验的HR都知道，员工离职的时候会提出的一种原因是我太累了，我最近想休息。现在越来越多的岗位需要员工加班，当离职员工提出比较劳累的说法时，HR 需要判断该员工是否进入了职业倦怠期，能否有机会调整员工的状态？即使确实无力挽回，也考虑对该岗位的工作内容和强度进行适当调整。

对大部分的 HR 来说，招聘专员是公司的重要岗位，其工作量和强度都非常大，零售业招聘专员的压力更大。我记得当时我所在的公司，每个月招聘店员的人数至少是 80～120 人之间，才能满足新开店铺及补充人员流失率。

面试是个体力活，找渠道是个脑力活，而招聘专员岗位要求也比较高，一方面有人员合格率、新人流失率的考核指标压力，另一方面还要有跟区域经理、店长沟通的能力。考虑到公司的品牌效应，以及薪资待遇和福利，我们判断专员岗位还是比较容易招聘到适合的人。结果是刚入职的招聘专员却频繁离职。每一个招聘专员离职时给我们的反馈都基本是一样的：太累了，无论怎么努力也看不到希望，达不到招聘目标也会被公司淘汰。即使经过苦口婆心的劝说，个别招聘专员暂时留了下来，但时间也不会太长。

招聘专员由于工作压力大，长时间处于疲劳的状态，工作要求和自身实际能力之间也存在较大的差异性。长此以往，以相对消极的状态对待工作。

当招聘专员的不良情绪过量，心理和生理方面体现出衰竭，主要包括情绪方面、认知方面感受到疲惫，生理及身体方面有耗尽的状态，造成其精力在工作当中不够集中，职业倦怠指的就是此状态。

美国心理学家查瓦哈研究发现组织支持高的时候，职业倦怠产生的可能性低。回顾招聘专员的工作状态，当时公司所有的店员招聘都由招聘专员负责。在招聘人数未达标的情况下，招聘专员承担了很大的招聘压力。尽管招聘专员在工作中投入很多时间找简历、面试，但是短时间内这些投入并没法全部体现在工作成就（人员数量递增）上，招聘专员无论从心理，还是生活上都很难得到补偿。组织对招聘专员的工作也支持不足，比如当招聘渠道推荐人数不足时，更多的是不断向招聘专员提出数量要求，而不是给予实质的支持。团队分工、文化氛围、上级的管理风格等也都对招聘专员的职业倦怠有影响。

组织公平感也会影响招聘专员的职业倦怠期。公平感是个体把自己的付出和得到的回报进行比较后或通过与他人进行比较后产生的一种感受。从组织内部看，店铺业绩不好可能认为是人员招聘不到位，人员配齐的店铺可以说是招聘的店员技能不行，仔细分析这个说法，似乎都是招聘专员的问题，这显然是不合理的。从组织外部比较，同样的品牌公司，有的公司同样的岗位有 2 ～ 3 名员工，而招聘的人员和其岗位薪资又是差不多的。这两种公平感都是影响招聘专员职业倦怠的重要因素。

考虑到员工在岗位上可能出现职业倦怠，作为人力资源部可以从下几个方面重点关注：

①关注员工心理、创造互相尊重的企业文化。公司以人为本，增强凝聚力。

招聘工作作为整个公司的人才输入口，首先应该站在公司的角度提供资源的支持，比如渠道的投入费用、内部推荐费用、招聘岗位的人员新增或支持等。用人部门也应该与人力资源部共同分担人员招聘的工作，比如远郊区县的店铺自行解决招聘问题，一般店铺也能推荐人员。在招聘淡季共同承担招聘任务，不指责，不推诿。

②直接上级的辅导和及时解决问题。当时我所在的零售行业的招聘岗位，在我了解了她白天忙于面试，根据没有时间打电话通知面试者的情况下，为其配备一名实习生帮着打电话通知应聘者，也调整了一些工作内容，如中介渠道直接跟人事主管对接等，帮助招聘专员合理安排工作。

③建立公平公正的考核机制，让招聘专员的工作结果直接与其利益挂钩。了解外部公司招聘岗位的待遇，使其内部和外部公平感有效提升，有效降低职业倦怠感。

7.3 有的放矢：别让负面情绪伤害人

每当员工离职时，总会有不同的离职场景出现。有一种情形是好合好散，无论是公司，还是员工，都是愉快地结束劳动关系。但有一种情形是员工愤愤地说“我不干了，早就受够了”，或是抱着跟公司讨个说法的心态，诉说着自己的功劳、苦劳，以及种种工作中的不容易，如果公司不把自己的付出和损失给个说法的话，那么劳动纠纷是很有可能发生的。

遇到员工跟公司讨说法的情形时，是一件让劳资双方都很痛苦的事情。直接上级会很困惑，平时跟该员工相处都挺好的，员工在工作中的表现也不错，为什么在离职时会有这么大的变化？周围有的同事受其影响，也不知其所以然，为什么该员工如此跟公司纠缠？同事们感觉自己也是挺辛苦的，看看该员工能为自己争取到什么？再决定自己在离职时的行动计划。虽然有不少员工希望跟公司“和平分手”，但如果效仿这种员工行为，能为自己从公司争取到利益，也算是个不错的选择。

看似是一件离职时的问题，其实里面蕴含着两个方面的心理现象。一方面是在职员工的情绪管理。我们都知道，如果员工带着情绪工作，肯定会影响工作效率，随着负面情绪的日积月累，在离职时就难以避免“情绪发泄”，即出现纠纷。根据研究表明，如果一个员工将自身情绪带入工作，他努力工作的可能性只有 20%，而处在被动做事的状态高达 80%。如果一个员工能很好地控制自身的情绪，不将情绪带入到工作中，他努力工作的可能性高达 85% 以上。由此可见，如果对员工的情绪加以管理的话，可以有效提高员工的工作效率。如果一个员工的工作状态是积极主动的，他很少会把情绪带入工作。

员工负面情绪来源的几个方面：一是管理者与员工缺乏有效的沟通，管理者不理解员工的内在需求，造成了员工对组织的认可度低、归属感与忠诚度差；二是有些员工认为负面情绪是源于对组织的不满意，他们认为组织内部的公平性、薪酬分配机制这两方面是主要原因；三是有的员工认为是自身的工作特点和行业性质影响了自己的情绪，基于自身性格和爱好的不同，不同的员工对同一份工作会产生不同的理解和情绪；四是离职员工的负面情绪会对其他员工有影响，严重的情况会促进其他员工离职的可能性。

我所从事的零售行业，有些店铺一个人离职会影响一个店的店员离职。在人际交往时，人们会捕捉他人的情绪并感知周边人的心情，这就是情绪感染，也可以用来解释为什么负面情绪会影响到他人。从某种意义上说，情绪感染是建立在人类互动的基础上，只要有人际关系的社会交往，情绪感染在所难免。当人与人之间发生情绪感染时，即使个体没有刻意去了解他人的情绪信息，但是却依然能时刻洞察他人的感受和意图。社会心理学的大量研究已经确认了情绪感染过程能够而且的确存在，但对于情绪感染在组织管理研究中的运用却一直受到忽视。最近已有学者开始研究组织内部成员间的情绪感染现象，例如考察团队成员间的情绪感染、领导对下属的情绪感染等。同处一室或者日常频繁接触的员工容易产生情绪的乒乓球式传染，其典型的特点是彼此之间的情绪互相影响，任何一方出现消极情绪都会直接传播给对方，感染者在不经意间传染给对方，而被感染者又将自身的情绪迅速反向感染，而且这时候如果感染的是消极情绪的话，消极情绪可能已经变异，其破坏力进一步增强。而回路式情绪传染往往都发生在组织内部不同阶层的情绪单向传播当中。由于情绪逐层向下传播，其内容、载体和原因愈加复杂化，最终往往以各种“管理难题”形式反馈到上层，造成不可收拾的局面。

人力资源部作为企业员工关系管理的核心部门，一方面要洞察组织中可能存在的负面情绪，另一方面要积极与各部门沟通，了解部门内员工的动态。

有的 HR 可能会说，负面情绪是员工个人的性格原因造成的，也可能是离职时暴露了人性的另一方面，但无论是什么情况下的负面情绪，员工的行为对组织都是一种无形的伤害。作为 HR 我们可以根据调查研究的数据分析，从以下几个影响因素着手考虑员工的情绪管理。

◆ 合理有效的薪酬分配机制。

据调查数字统计。66.67% 的员工提出了这个问题，33.33% 的员工认为组织内部的公平性需要调整。从员工的激励和薪酬分配的公平合理性出发，从而消除员工在工作中的倦怠和不满。

◆ 加强与员工的沟通和交流。

对员工的职业发展以及心理需求，包括压力管理、情绪管理等方面，提升员工的归属感和忠诚度。沟通是解决问题的基础，也是解决问题最有效的方法。

◆ 提升员工的职业技能培训，在组织内部提供更多的发展机会。

据调查，41.67% 的员工认为组织重视技能培训能增强他们工作的积极性，16.67% 的员工认为需要关注员工的职业生涯发展，25% 的人认为需要改善组织的文化氛围。为员工创造自我学习和外部培训的机会，员工会认为受到组织的重视，也能消除员工在职业中的负面情绪。

7.4 打开心扉：再见亦是朋友

每当有员工离职时，无论是主动离职，还是被动离职，HR 经常需要跟员工“谈一谈”，在人力资源管理实践中，这个俗称“离职面谈”，是作为 HR 的一项基本功，与员工离职面谈的结果会跟 HR 的面谈技巧有一定的关系。如果我们提前准备不够充足，离职面谈也是泛泛而谈，离职员工给出的理由是个“无公害”的原因，包括回老家，想休息一段时间等，其隐含的意思是都是个人的原因，跟公司没有关系，只有较少的员工在离职面谈中会提到“管理不善”“人际关系”等真实的原因，离职的员工往往想着越简单回复越好，不用得罪公司，也不会给自己带来麻烦。

国外研究者 Porter 和 Steers 认为当一个人在公司中受到挫折后才会产生一种逃离现状的退缩行为，即离职，当员工向公司提出离职后，不再是员工单一的心理逃避或是念头，它综合员工对现有工作的不满意，想离开现在的工作岗位。

离职行为是由最初的一种思想过程逐渐变为外在表现，之前只是想想而已，现在口头提出了。所以 HR 在与离职员工沟通时，员工难免有排斥心理。

HR 在面谈开始前，需要了解与员工相关的资料，包括入职时间、薪资情况、奖惩等，如果有可能的话，可以了解员工的家庭情况、性格特征、业余爱好，以及向部门经理了解员工近期的工作表现等。在面谈开始时，建立一种信任和坦诚的沟通氛围是关键，首先谈论对方熟悉而没有压力的事情，比如某次的一个活动中的深刻表现；其次多用赞美的话谈论对方的优点，以赞美的语气和对方进行交流，如工作态度或擅长的工作技能；最后在整个交谈的过程中要表示对员工的理解和体谅的态度，让对方感到和自己是同一战线的。建立融洽的关系后不要直接询问离职原因，以免重新引起员工的警惕，甚至反感，问题需要由浅入深、循序渐进，有时候员工在打开话匣子之后，自己就会说出很多工作中的问题以及归纳自己离职的原因。

离职心理倾向的强度决定了员工的离职态度，离职心理倾向越强，表明离职的行为越强。员工在提出离职时未必经过深思熟虑，通过离职面谈有希望挽留离职心理倾向较弱的优秀员工，员工也会综合考虑自身的条件和外部环境，衡量自己找到更好新工作的概率，有技巧的离职面谈是有可能挽回优秀员工的“一时冲动”，即使原岗位不能留下也可尝试让员工转岗去其他部门，即使没有转岗成功，也为员工未来有机会回来做铺垫。对于不准备挽留的员工通过离职面谈，正面引导和帮助员工，让员工充分理解公司的决定，不要让员工带着怨恨离开。

站在员工的角度上，离职面谈也是有价值的。无论是部门经理还是HR，都会从不同的角度去面谈，积极的面谈有助于员工了解自己及自省。部门经理从专业角度，HR从职业规划角度都能给员工一些建议和指导，帮助员工更好地管理自己的职业发展。通过这样的沟通交流，让离职员工多方位了解公司的情况，可以消除近因效应产生的影响，减少对公司的误区。

离职面谈对于公司或是员工都有一定的作用和价值，我们可以通过员工在入职后不同阶段的管理，将离职面谈做得更全面，最大价值发挥这“面谈”的功效，主要有以下几点。

一是员工在入职公司时，HR打好信任的基础。员工从招聘、录用到入职都跟HR打交道，HR的专业度和能力都影响着员工对公司的态度，从一开始就取得新员工的信任，为之后的沟通和面谈奠定基础。

二是在管理过程中能够关注员工的行为和态度表现，加强与员工的沟通，了解员工的心理状态，进行合理有效的管理，降低员工的离职倾向。有专业人士对影响离职倾向的因素归纳为员工个体因素，包括个人特征和技能；员工的工作反应，包括工作中的态度和行为；企业制度，包括规章制度、薪酬制度等；企业外部因素，指劳动力市场情况。有调查研究表明，员工个体因素的心理所有权可以负向解决员工离职倾向，即员工对企业的心理所有权越强，离职倾向就越低，组织可以采取一定的措施加强员工对企业的心理所有权，比如股权激励计划方案，或让员工主动参与组织变革，提升员工自我认同、归属感、自我效能三个方面，也能预防员工的离职倾向。

三是员工办理完离职手续后的一个月左右，在工资和社保已结清后，HR可以电话通知离职员工，主要是指离职的优秀员工，这时员工与公司没有任何关系了，HR再次引导他们描述离职原因时，员工离职心理影响已降低了许多，这时再谈离职原因就比较真实了。

7.5 海市蜃楼：跳槽员工的美好期望

记不清楚出处的一句话：以前的人，东西坏了就想修理；现在的人，东西坏了就想换。每当想起这句话，不禁让我想起一位学弟，当年人力资源专业毕业时，曾意气风发地跟我聊起未来的工作，把自己的职业规划分为两条路：一是在企业担任HRD或HRVP，综合素质及专业度都很高的管理者；另一个方向是当咨询专家，以精湛的专业技能为企业提供人力资源服务。

我也认同，一个是走管理的路线，一个是走专业的路线，以我对学弟的性格了解，我认为他更适合专业的路线，所以也给了他一些中肯的建议。

事隔两三年之后，再次遇到学弟，他正忙于换工作，闲聊之余了解到，他毕业一年后就转行了。他拿到了证券经济师从业资格证，已在金融圈“混迹”了一年有余，并且又跟我热聊起他的金领未来。我也相信如果按照他的想法，在这个热门行业下，未来发展想必会更美好。之后，我与学弟再未谋面，断断续续地从其他朋友那里得知了学弟的近况，开始独立给企业做财务咨询，开了公司，又关了公司，后来被聘到大集团去做总经理助理……

在我看来，刚毕业的学弟拿到的是一副“好牌”，专业的科班出身、不错的学校背景、清晰的职业规划、敢打敢拼的个性，可是这一手“好牌”在不断的跳槽中渐渐丧失了原有的价值。可能有的人会有不同的看法，现在人才市场就是自由和开放的，敢于换工作的人都是有想法和行动力的，不安于现状，敢于挑战自己，不畏束缚有勇气从零开始的人，这些优点应该成为学习的榜样。

打过德州扑克的人都知道，在参与的过程中需要不断地评估风险与收益，即根据手里的牌去最大化自己的期望收益，可以选择“参与”或“放弃”。

拿到的牌出现极好或极坏的概率是较低的，关键是参与者的牌技很重要，感觉不是一手好牌就放弃，看似“以小失换大稳”，其实结果可能是“求小败而弃良机”。就如同我们跳槽一样，还没有评估清楚利弊，就果断放弃手中所谓的“烂牌”——这可能就是一次不能确保胜算的普通牌而已，是 80% 的大概率事件。轻易选择出局不能证明你有多果敢，面对当下的境况才是勇气的表现。

跳槽，是一个人对自身职业的新选择与规划，从员工主观方面来看，总是期望跳槽后能最直接、最快改变的就是薪资待遇，其次是制度更好的公司及自身的发展前景。但是从客观上分析，员工的主观意愿是否能达到，存在着一定的风险，具有很大的不明确性。首先，跳槽也会花费时间成本和金钱成本，如面试成本、试用期成本、新公司的磨合成本等，跳槽的次数越多，花费在上面的成本就越高。再者，即使新公司比原来的公司工资有所提高，但对于自身的适应也有一定的风险。新公司也会有问题和不足，一旦熟悉了新公司后，也可能会存在一些老员工能力不及自己，但工资比自己还高，原本的心理平衡又被打破。最后，频繁的跳槽很可能会淡化职业经理人的职业道德和责任，也会降低对企业的忠诚度。

作为HR要帮助员工对自己进行准确的定位，对于因自己一时感觉“不爽”而产生跳槽计划的员工，需要给予他们合理的引导：

①职业发展是场马拉松式的长跑，需要坚持并耐得住寂寞。人生是复杂而曲折的过程，不是所有的时间都是“高潮期”，也会有低谷。衡量一份工作值不值得是相对的，需要考虑的角度也不是单一的。比如有的岗位虽然薪资一般，但是能学到很多专业知识，学东西也是一种收益，放弃现在的薪资诱惑，努力提升自己的专业经验，是为了以后跑得更快更远。一万小时定律是作家格拉德威尔在《异类》一书中指出的定律，“人们眼中的天才之所以卓越非凡，并非天资超人一等，而是付出了持续不断的努力。一万小时的锤炼是任何人从平凡变成世界级大师的必要条件。”他将此称为“一万小时定律”。要成为某个领域的专家，需要一万小时，按比例计算就是：如果每天工作八个小时，一周工作五天，那么成为一个领域的专家至少需要五年。在每一个五年的历练中，需要自己的坚持不懈。

②工作可以更换，但你仍是原来的你。如果自己没有改变，干什么结果都一样。就像我的学弟，总是期待着下一个工作会更满意，于是不停地换工作，做事没有常性。跟“有些东西如果修不好，可能也换不好”也是一个道理。一个工作马虎出错的人，不可能因为新换了工作而变得认真仔细；一个老抱怨别人的人，也不可能到了新的团队就会在自身上找原因。所以打铁还需要自身硬，多从改变自己做起，毕竟改变环境对于个体来说困难很多。

第8章

绩效是激发心理能量的途径

8.1 绩效目的：影响激励的是与否

绩效空白期。老板说，最近公司员工工作效率不高，大家积极主动性不强，公司要加强绩效考核，将绩效考核作为今年的重中之重，奖励绩效好的员工、惩罚绩效差的员工，对于绩效排名在后 10% 的将一律淘汰。

人力资源部积极响应老板的号召，风风火火忙碌起来，设计绩效考核体系，制订绩效考核制度，梳理配套的表格，区分任务绩效、周边绩效的不同含义，掌握 Smart 原则、量化数据的方法，坚决沿着老板的规划思路，绩效考核搞起来，公司利润升上去。人力资源部在经过一系列的方案提交、审批、修改之后，终于可以在公司各部门推行了。

绩效推行阶段。部门经理说，公司要求对员工进行绩效考核，我们要按人力资源部门下发的制度进行考核，考核的结果将作为明年你们涨工资的评估标准，所以大家要努力完成绩效指标，不要影响明年加薪。人力资源部深知落地执行的重要性，于是在会议上宣布完后，培训和辅导、反复开展沟通。讲解制度、确认指标、签字画押，绩效考核工作终于完成了第二步。

绩效实施阶段。员工说，公司实行绩效考核了，原来是年终奖金和绩效挂钩。现在我们还是该怎么干怎么干，年底的事情太遥远了，我没想好还要干多久。

绩效实施后，没有出现令人激动的工作场面，工作效率和部门配合之间也没有出现质的飞越。年终的绩效考评分数，也没有拉开太大差距，几分之差的强制排名，也并不是公司想要的结果，老板不满意。员工感觉无非就是多了一种扣钱的方式，考核基本流于形式，员工也不满意。人力资源部开始检讨总结，人力资源部说是各部门执行的问题，各部门说制度还是有不足之处。一场“公说公有理，婆说婆有理”的争论开始了。

企业实施绩效的目的是将员工招聘、职位晋升、职业发展、薪酬福利相结合，促进激励机制得到充分运用，建立有企业健康发展和员工自我提升的双赢模式。而员工个人的工作绩效与被激励的程度有紧密关系，随着80、90后员工成为公司的中坚力量，员工到底需要什么样的激励内容？公司应采取什么样的激励方式？这不仅是HR需要思考的问题，更是部门经理需要重视的问题。人是复杂而特殊的、个体差异大，有独立的思维活动，以及环境的适应性，HR和部门经理期望制定有效的激励政策，先要了解激励的因素有哪些，从哪些方面入手去做规划和制度设计。

根据赫茨伯格的双因素理论，使员工感到满意的因素主要是与工作内容相联系的，包括取得的成就、上级的认可、工作本身的挑战性、负有较大的责任、在职业上的发展等，这些称为激励因子。激励因素若得到改善，员工就会产生对工作本身的满意感，激发员工自身的工作动机，从而提高工作积极性和工作效率。

举例来说，行政助理有一项日常工作是做费用数据统计，统计结果要求准确、及时，假如该项的工作量时长为2小时。当行政助理已经持续该项工作半年，时效、准确度都达到或超出要求，行政经理可以指导行政助理增加对费用分析的内容，通过分析找出可以节省费用的空间，再找到具体的节约办法或创新实践，直到费用下降。由费用数据统计到真实节省的费用，每一步对行政助理都是一次挑战的工作，经过行政经理的工作指导和引发思考，面对达成的结果时，行政经理及时予以肯定，行政助理在工作上会获得很大的成就感，成就感将转换成更加努力的工作动力，如此循环反复，行政助理将会是一个高动机、高绩效的员工。

赫茨伯格的双因素理论的另一个因素是保健因子，使员工对工作感到不满意的因素主要是与工作的环境相联系的，包括公司的政策、行为管理、监督方式、工作条件、人际关系、直接上级、工资等。保健因子对于避免员工的不满意起着非常重要的作用。保健因子处理得不好，员工就会很不满意；保健因子的改善，就能消除员工的不满意，对员工有一定的安抚作用。但保健因子带来不了满意和激励，让员工产生满意和激励的只有激励因子。实际工作中，当员工向 HR 反馈工资过低而工作动机不足时，HR 就要分析是保健因子还是激励因子出现的问题，以便于对症下药解决问题。

目标是绩效改善的灵魂，动机和认知是实现改善的途径。按照赫茨伯格的双因素理论的激励原理作为指导方向，绩效管理作为有效的管理工具，HR 作为绩效方案的设计者，各级管理人员作为绩效管理负责人，在绩效管理的绩效计划制订、绩效辅导沟通、绩效考核评价与绩效结果反馈的四个环节，从员工的需求和动机出发，不断地调动员工的积极性，改善员工的工作业绩。

8.2 绩效方案：获得心理认同感的工具

回忆我经历过的实施绩效考核的场景，员工一听到“考核”二字，脑海里想到的就是“考核我什么指标”，考核其实就是要扣我的钱，心理很容易就站到了公司的对立面。人在压力下都有抗拒的本能，对结果的风险也有担忧的心理，如我们常说的“吃力不讨好”，“好”的直译就是好处，可能是精神的满足或是物质的给予。想让员工从心里接受考核这件事，需要把“考核”结束之后的“好处”说清楚；否则不但没有达到绩效的目的，反而会起反作用——员工从心里抵触考核。

从老板宣布了开始实施绩效考核，HR 作为规划者和推动者，承担着三层压力：上对老板负责，通过绩效的实施去开发团队和个人的能力，不断向组织输送持久的成功；中间协调和推动部门经理，理解绩效的战略意义和作用，明白绩效的来龙去脉，并获得有效的支持和配合；下对员工负责，清晰公司的绩效制度，通过绩效改善工作业绩。

因此，绩效方案是推行绩效管理的第一步。绩效怎么考核，指标如何考核，考完怎么办？绩效方案的作用是系统解决这些问题，绩效方案体现公司的考核方向、考核标准等重要内容，对员工的行为选择也有直接的影响。一套完整的绩效考核方案包括的内容如下：

◆ 适用范围。

通常适用于转正后的所有岗位员工。

◆ 考核时间。不同的岗位考核时间有所不同，可以分为月度、季度、半年、年度考核。

◆ 绩效内容。

①绩效奖金发放。绩效奖金是年底统一发放，还是分次考核发放，如果是年底统一发放，需要说明各次考核结果的权重。

②考核工具的选择。现在常用的考核工具有：

➢ 平衡记分卡。从财务、客户、内部运营与成长四个维度将组织的战略目标量化。其优点是战略层层分解，整个组织能有效地围绕战略目标。不足之处是，每个岗位都要从四个维度分解指标，对于基础岗位而言，掌握学习指标分解的方法周期较长。

➢ 关键绩效指标。根据“二八原理”，明确关键业务领域的关键业绩指标。先建立企业级 KPI，再逐级建立部门和员工级 KPI，其优点是员工绩效行为与组织目标要求的行为保持一致。不足之处是量化的指标是否是关键性指标比较难以确定。

➢ 目标管理及 360 度考核。

◆ 绩效资金计算：

①得分的计算方式。通常使用百分制评分，按每项指标权重计算，求和计算出每次得分。

②得分对应的奖金系数。如果考核的奖金是一个固定值，考虑到客观得到 100 分的机会是比较少的，可以考虑得 80 ～ 85 分对应 0.8 的奖金系数，

85 ～ 90 分对应 0.9 的资金系数，以此类推。如果考核的奖金是按月计算，可以考虑 80 分得一个月资，90 分得两个月工资等。

③部门的评分结果呈正态分布，即不能出现平均主义。

◆ 绩效结果运用等内容。强调客观、正确评价员工的绩效，作为绩效奖金的计算、年度调薪、职位晋升、转岗的依据。

◆ 绩效考核表、绩效评估表和面谈记录表。

绩效方案是绩效管理的规则，必须规范、清晰地表述每条内容，每条内容简单易懂、可操作，才能打消员工的心里顾虑和疑问。我们都有过类似的感觉，我们更放心明确的事情，并产生积极倾向。员工的行为受个体思维、态度和逻辑的不同，将会产生不同的认知效果，一旦员工的行为与态度不一致时，员工将会发生认知失调。比如对于绩效奖金计算过于复杂，除了 HR 能讲得清楚，员工担心会得罪 HR 而不提出异议。在考核过程中，员工因不清楚绩效资金的计算，心里不认可结果，总感觉自己拿到的钱少，从而可能对组织产生不信任。

8.3 考核指标：伸手够得着的感觉杠杆

提到考核指标的设定，不禁让我联想起在南方采摘蜜橘的经历。南方的蜜橘树高大约有 5 米左右。每年 11 月份是蜜橘丰收的季节，满树高高低低地结满了果实。长在低处的果实随手可摘，但几乎没有人愿意俯下身子，弯着腰累且不说，也总感觉上面的蜜橘更甜，于是更愿意伸手够高一点的蜜橘。我身高 1 米 6 多一点儿，在倾斜的山坡上，顶多也就蹦个 2.5 米，所以能采摘的果实是在踮踮脚（1.7 米多），或跳起来（2.5 米多）能摘得到的地方。

超过 2.5 米的蜜橘，就是我的一个念想——心有余而力不足啊！将采蜜橘的经历引伸到绩效考核，低处的果实（指标）垂手可得，没有吸引力也没有挑战性；高处的果实（指标）可望而不可即，超出了个人的采摘能力，踮踮脚或跳起来够得着的地方，是可以达成的行动目标，既付出了努力又收获了结果，采摘的意愿才强。

将“采摘蜜橘经验”用于考核指标的设定上，当直接上级给员工制订考核指标时，必须考虑指标的难易程度，让员工经过努力可以完成，再努力就能超额完成，这样才有利于激发员工的工作动机，从而转换成员工的积极行动。考核指标太高会使员工失去自信心，员工认为怎么努力都完不成，索性就放弃努力去做。反之考核指标太低，不设置任何的要求，员工就会变成应付工作。太容易的工作会影响员工的成就感，只有适度才能保持员工恰当的期望值。

在设定考核指标时，由北美著名心理学家和行为科学家维克托·弗鲁姆提出的期望理论来分析和理解员工的工作动机。

他认为激励等于期望值乘效价，这个模型能够清晰地说明个人目标与组织目标之间的关系。期望值是指对绩效的概率估计，效价是指达到目标的价值，即我们通常所说的完成一个目标所获得的报酬是否值得。

我们每个人都对生活和工作充满了期望，但每个人的期望又各不相同。

对于个人来说，符合自身实际的期望才有实现的可能性，才会产生内源性动机，努力完成不让自己失望。期望值指的是实现的概率。举个例子，HR 的招聘工作，设定招聘周期的指标，参考行业内的经验作为效标，招聘周期一般是 30 天，如果该项考核满分为 10 分的话，可以考虑设定 30 天内招聘到岗的为 10 分标准值。15 ～ 20 天到岗的为 15 分，HR 跳起来能完成。20 ～ 25 天招聘到岗的为 12 分，HR 踮踮脚能完成。25 ～ 30 天招聘到岗的为 10 分，HR 正常能完成。但如果招聘的考核指标定在 3 天，对于员工来说根本没有办法完成，也就是说这个“3 天”的期望没有实现的可能性，当这个“3 天”指标下达的时候，员工心里就放弃达成的愿望，没有目标的工作就成了一种随心所欲的状态。如果仅是以招聘到岗来考核的话，不设定招聘周期，对于 HR 来说，犹如长在低处的蜜橘，没有难度也引不起兴趣。各部门在设置指标时，HR 应该引导管理者与员工多互动沟通，在指标方面提出一个管理者与员工都认可的指标，避免管理者“一言堂”的现象。对于指标的制订也多以客观数据为依据，双方容易达成一致。

效价所指的是追求一个目标值不值得，具体来说包括两个方面的评价标准：一是完成目标时付出的努力是否值得；二是达成目标时获得的报酬是否满意。

由于员工个人对报酬的需求不同，所以满意的标准也不同。如果个人对报酬的结果是满意的，则对员工个人有激励的作用；如果员工个人对报酬的结果无所谓，则对员工个人没有发挥激励作用，也没有产生负面影响；如果员工个人对报酬的结果是不满意的，则对员工个人有消极的作用。效价越高，激励力量就越大。

最佳动机的条件是：员工认为自己的努力会产生很好的行为表现；很好的行为表现会带来优异的工作成果；优异的工作成果对他有积极的吸引力。

由此可以推断：员工内心已经将现在的行为与将来的工作结果和报酬之间建立了某种联系。因此，组织要获得所希望的员工行为，就必须制订出具体的目标——考核指标，并在员工出现目标行为时，及时地给予肯定、奖励和表扬。组织要消除某一行为，就必须在员工表现出这种行为时给予负强化，如批评、惩处等。

8.4 考核评分：消除心理评估的误差

每回绩效评分结束，总是会有不同的声音倾诉着同一件事情——考核的公平性。古人云，“不患寡而患不均”，可见公平自古以来就有着重要的影响。

考核的公平性通常会来自被评估者，被评估者包括普通的员工，也包括部门经理等。

每年绩效考核结束，上级都会使用绩效考核表对下级进行评分，评分的目的是对完成工作的一种评估，通常大部分的员工都能获得较高的分数，这可能是由评估者误差导致的。评估者误差的产生有可能是评估者不知道自己做出错误的判断，所以作为HR要提醒评估者尽可能意识到这些误差，并减少这些误差的产生，从而尽可能地保障评分的公平性。

评估者总是对员工的总体印象进行评价，要把对员工赞同的态度扩展到所有的评价之中，这种现象叫作晕轮效应。晕轮效应带来的问题之一是干扰评估者，使之无法区分员工绩效的好坏；二是评估者认为员工表现都是好的方面，并且评估者认为自己的评估是公平客观的。

小田是公司的行政接待，平常工作积极，特别是在来客安排上考虑周到，无论多晚都亲自跟司机一起把客人送完，上级对她任劳任怨的态度也颇为赞赏。但她在数字上面很是马虎，比如平常报销的小错误，经常需要财务提醒并纠正。犯过多次同样的错，小田改进并不大。公司仓库采购订制货柜，她居然提供错误尺寸，由于是订制产品，厂家也不能退换，好在打出的仅是样品货柜，如果是实际的货柜，经济损失将很严重。经过其上级与厂家协商，最后样品货柜以成本价由小田个人承担。年终在绩效考核时，上级只是象征性地扣了点分，小田的表现仍然是优秀，周围的同事感到很不服气。

小田的上级对小田的评估就是受晕轮效应作用的结果，小田的绩效优秀的成绩是与其上级“知觉整体”有关的，所以小田的上级在评估时，容易产生“以偏概全”的心理现象，即把绩效中的某方面看得过重。在小田的上级看来，小田的行为是他能认知到的知觉客体，他眼中的小田一贯是态度积极的，所以业绩也应该是优秀的，即使小田给公司带来损失时，其直接上级受小田整体的认知影响，将小田的问题归为偶尔犯错或是马虎，没有继续了解是不能胜任或是责任心不够，而把问题避重就轻处理。当评估者对考核者表现特别友好或特别不友好时，晕轮效应是最容易发生的。

在实际的绩效考核中，大多数员工只要表现良好，都能获得不错的绩效得分，特别是在人际关系不错的团队，同事之间的分数不分伯仲，这些评分的结果被称为是“宽大误差”和“趋中性误差”，其根源是每个评估者受到自身的性格或经验影响的原因。从绩效评估来看，目前对员工最客观的评分方式还是上级的评估，所以对于上级打分的结果也没有具体的规定，可能有的公司会要求分数呈正态分布，但给哪个员工高分或低分，还是由上级来决定的。从评估者的动机来看，评分结果的好坏也不会受到公司的奖惩，较高的分数反而可能得到下属的青睐。从另一个角度来看，下属的表现也体现着上级管理的绩效，较高的分数也代表着管理者的能力，所以评估者更愿意给下级打高分。

评分的误差是客观存在的，作为 HR 观察管理者不同的性格特点，帮助评估者树立科学的评估方法意识，引导评估者尽可能保持公正客观，对于上述案例中的小田，工作中的问题要做好绩效记录，并分析小田在数字上的马虎是态度问题还是能力问题，从而对症下药，帮助员工提升绩效。

8.5 绩效辅导：改善行为的反馈认知

中国有句俗话叫作“师傅领进门，修行靠个人”，师傅是传授知识或技能的人，指导徒弟正确的行为方式，而用功还是要靠徒弟自己。凡看过武侠小说或电视剧的人都知道，每个徒弟的学武生涯中，都会向 n 个师傅拜师学艺，但能否出徒关键点有两个：一个是师傅的指导频次；另一个是徒弟的用功程度。武功高强的徒弟往往是得到了师傅的真传，但首先自己是个勤奋的练武之人，夜以继日地习武练功；再次师傅也会陪练、过招，最后徒弟才会练就一身绝技。

古时候的师傅与徒弟的关系，犹如职场中的上下级，但这句俗语的应用也因人不同而产生理解上的差异。每年年初，按照公司的计划，上级通常会完成“师傅领进门”的动作，上级和下级共同讨论，制订出新一年度的绩效指标。经过反复的讨论、沟通、确认，绩效指标任务制订完成了，上级终于可以舒一口气，实际执行得看下级了。于是等到年底评估时，工作业绩完成得不理想往往与能力差是对等关系，于是会出现上级与下级双输的局面。

实际工作中，上级对下级的绩效辅导不到位，通常会有哪些情况呢？

①助理小王根据年初制订的工作计划，需要在4月前协助其上级完成。于是小王与上级张经理沟通，张经理给了个大的方向，具体怎么实现，方案由小王独立完成。半个月的时间，小王搜索数据、测算、整理、汇总，张经理只是问问进度，提醒小王尽快完成，对于方案内容张经理没有参与。小王经过一番努力向张经理提交了方案，张经理看了后指出一些问题，小王去做修改。之后张经理再审核，小王再修改……反反复复，一个月过去了，方案还在修改中。

②助理小刘在安经理的指导下签订了年度绩效考核书，安经理要求小刘要按考核书的内容完成工作。小刘的工作按部就班地进行。年底时相关部门需要配合提供资料，安经理才发现由小刘负责"文档管理"的资料及签字不全，当问到小刘时，小刘也很委屈说自己一直是这么干的。于是安经理又提出标准和要求，小刘忙着补全文档。

以上两个实际的管理案例中，上级对下级的绩效辅导是缺少或不到位的。助理小王在不断提交修改方案的过程中，心理会产生挫败感，逐渐会放弃主动修改的意愿，还有可能会出现逆反心理，上级也会由开始的提出问题到后来认为员工不够有耐心。如果修改的结果达不到上级的要求，上级也会质疑下级的能力问题。所以上级应根据员工的级别、能力、性格特点给予不同的指导，小王属于助理级别，在完成某项方案的工作上，他（她）的角色可以是配合、协助。如果做方案的主导者，张经理需要提供足够的指导和支持，第一次布置任务时，让小王明确方案的内容包括哪些要点，在完成的过程中经常询问小王进展，帮助并指导小王解决遇到的问题，以便小王能够有足够的信心完成方案。同时张经理在每次指导时，及时给予肯定和表扬，增加小王完成工作的成就感，也会增加小王的工作动力。

安经理相信小刘能够做好"文档管理"的工作，充分授权让小刘独立完成，但小刘的执行结果却与上级的要求有偏差，原因有可能是虽然尽了全力，但对于标准不清晰而执行不到位；也有可能是投机心态，上级不检查我可以凑和。无论是哪种动机造成的结果，都或多或少给公司带来风险或问题。当安经理发现问题而批评小刘时，小刘可能认为上级在推卸责任，自己做的越多错得越多，小刘一旦产生不公平的认知，就会带来抱怨的后果，导致对安经理产生不信任。而安经理也会认为小刘小事情都做不好。所以安经理需要制订标准并清晰地传达给小刘，同时日常工作中要建立抽查机制，以帮助小刘按正确的标准完成工作内容。

我们常说要将“糖果和大棒”融入管理当中，在帮助员工成长的路上，表扬和批评缺一不可。上级可以通过走动式管理、开放式办公、工作间歇的沟通、非正式会议等方式来加强对员工的绩效辅导，人都是愿意接受别人对自己能力提升，所以上级在辅导员工绩效时，一方面解决员工遇到困难，及时发现和纠正偏差，避免发生小错误、小偏差，另一方面关注员工在工作中的表现，不断向员工反馈绩效信息，肯定员工的成绩、进步，指出员工存在的不足，让员工在不断地进步中提高工作的积极性，从而愿意更加努力地工作，最终会提高工作业绩。

管理是动态的，方式方法是多样的，员工的心理也是变化的。作为 HR 在绩效辅导的过程中，尽可能提供绩效辅导的技巧与支持。HR 作为公司与管理者、管理者与员工之间的沟通桥梁，多沟通、多观察，了解管理者的管理风格和特点、员工心理状态与困惑，不断推动组织进入良性循环的发展状态。

8.6 绩效面谈：从仪式感中获得信任

在绩效面谈环节，有的管理者的做法是：等有空了找个时间跟员工聊聊。

聊的话题随意，内容也不愿意涉及调职加薪、绩效成绩等敏感话题，泛泛而谈的“今年表现不错啊，明年继续努力”之类。有的管理者可能认为我没有加薪、调职的权力，同员工沟通时只能谈他的表现，但不来点实在的员工不买账：有的管理者可能会认为绩效面谈是个沉重的话题，心里更愿意把自己放在谈话的舒适区中，套路的话对谁都适用；有的管理者是个老好人，低头不见抬头见，何必搞得那么正式？

反之站在员工的角度，员工感受到的也只是随意聊聊，走个过场而已，没有什么“干货”，上级找自己谈话也是应付公司的一项工作。有时在管理者与员工做绩效面谈时，还在不断地被电话、访客打扰，最后索性匆忙结束面试。当管理者第一次跟员工面试时，员工内心是充满期待的，每个人都会或多或少希望了解别人对自己的客观评价，这是群体的心理特点。如果绩效面谈流于形式，员工听不到对自己有帮助的评价，也会对整个绩效体系产生质疑。

在这个充满仪式感的年代，仪式感在一定程度上代表着尊重、理解，在仪式感的影响下，双方的重视程度会提高，更容易获得对方来自内心真实的表达。在日常生活中，仪式感的例子比比皆是，生日会、结婚庆典、升学宴……都是用仪式感的形式来表达事件的重要性，在仪式感中提升参与者的心理感受，特别是现在的商家，在原来传统节日的基础上，新增加了不少的节日，如七夕、光棍节，商家用仪式感唤醒年轻人——购买某件商品以标榜其独特的个性。将仪式感的作用发挥在绩效面谈中，将对整个绩效管理环节起到事半功倍的作用。

首先，HR 在启动绩效面谈工作时，要以正式的邮件或文件形式通知全体员工，每一位管理者在具体预约面谈时，不妨试试以（电子）卡片的形式邀约。之前遇到过的一位销售管理者，在年终的绩效面试开始前，将邀约时间写在了爱心卡片上，提前一天放在下属的办公桌上。第二天上班，她的下属都很开心收到惊喜，在愉悦的心情下面谈。可以试想一下，面谈的结果应该是可以达到预期效果的。

其次，HR 要引导管理者营造良好的气氛，管理者在跟员工一对一面谈时，通过轻松的谈话内容打开话题，在诚恳的态度中让员工感受到信任和平等。

沟通时，管理者最好坐在下属旁边的位置，以通过接近空间距离传递给员工温暖和友善的感受。同时管理者眼光的最佳注视范围是员工的下巴与眼睛之间的区域，增加管理者本身的亲切感，也让员工感受到被关注从而认真聆听评价结果。

在进入绩效面谈主题的时候，管理者使用积极的语言表达绩效面谈的目的，比如“今天我们绩效面谈的目的是回顾去年的绩效表现，主要是肯定个人的成绩，帮助个人开发自己的潜力，继续完善自己的不足之处”，在肯定个人成绩的时候不要忘记感谢员工的辛苦与付出，也强调员工所在岗位的重要性，对公司发展的作用。管理者与下属的面谈过程是互动的，管理者要让下属充分的表达，多抛出一些提问性的话题来引导员工发表意见，以了解下属内心的真实想法，从而对下属进行有针对性和有效的指导。对于下属提出的薪资和晋升等敏感性问题，应按整个公司的体系来考虑，如果公司的薪资调整和晋升线路明确，可以按相应的制度告知员工。如果公司因自身规模或经济原因，调薪及晋升线路并不是十分明确，也需要如实告知员工，并分析员工的薪资水平在市场上的位置，以及公司在发展、平台等方面提供的优势，以增加员工对公司的信心。

以往下属工作中存在的问题，管理者要以事实为依据，提供某些数据或资料，具体指出问题的原因，如果属于管理者可以解决的范围，管理者也要提供具体的帮助措施。HR 可以提供一些培训，让管理者养成随时记录员工行为的习惯，从而为绩效面谈提供信息支持。

最后，在面谈结束时，握手、拥抱都是不错的鼓励方式，充满热情的寄予希望的言语，提升下属对工作的信心。在整个面谈结束时，应积极地做好谈话记录，员工重点反馈的问题也应反馈给 HR，HR 将做好分析报告给公司领导做出决策，以加强公司在人力资源方面的管理。

第9章

从薪酬到心酬的认知

9.1 隐形驱力：竞争性薪酬的作用

我是在工厂长大的一代，从我记事起，父母就一直拿着固定工资，从大人那里听到对工厂最多的评价也是旱涝保收、稳定等字眼。进入二十世纪九十年代后，父母所在的工厂开始走下坡路，经济效益不断下滑，为了改善这种经济状况，工厂做了一些改革。我记得父母开始轮岗上班，上一个月休一个月；我们家住在南方城市，原本率先启用的暖气福利，也因此停止了；原来的固定工资也改成计件制，多劳多得。亲朋好友来我家串门时，称这种调整为“打破大锅饭”“摔碎铁饭碗”工程。小时候的我不太能理解大锅饭如何打破，但感觉最深的是在轮岗上班的时候，大人们比以前忙碌多了，而且每天都会算收入。

进入二十世纪九十年代末期，父母所在的工厂效益越发不好，最后宣布破产了。父母为之辛苦奋斗了一辈子的工厂，曾经让他们引以为傲。在工厂破产后的几年时间里，父母有很重的失落心理。有时听他们聊起当年的情况，他们认为工厂有很多不公平的地方，比如，每年涨工资时都是按人情味的土办法，凭主管的一双眼、一支笔决定给谁涨多少工资，这样做带有很大的个人主观因素，不公平也不公正。年底奖金分配原则也不明晰，不同岗位之间、不同个人之间基本上也是靠领导的感觉。虽然进入九十年代后，他们按件计资，但之前更长的时间都是固定的工资，干多干少没有什么两样，更多的人是按部就班，虽然早出晚归，但更像是以考勤为衡量“苦劳”，而非业绩考核评估“功劳”。

进入到千禧年之后，经济加快发展，市场竞争也越来越激烈。特别是越来越多的企业开始认识到企业发展与员工积极性息息相关，具有竞争性的薪酬与激励员工积极性紧密联系，设计出竞争性的薪酬成为组织发展的重点关注。具有竞争性的薪酬体系应具备外部竞争力和内部协调性。外部竞争力代表了企业经营目标的薪酬政策，薪酬过低可能导致员工流失，过高则会增加企业成本。内部协调性是指员工发放的薪酬符合其岗位价值，各岗位之间的薪酬水平横向比较也是合理的。具有竞争性的薪酬包括固定薪酬、绩效薪酬、福利薪酬三个组成部分。

从组织外部来看，薪酬的竞争性是指与竞争对手相比本组织的薪酬水平，由此产生的企业在劳动力市场上竞争能力的大小。产生于20世纪70年代的效率工资理论指出，企业削减工资在短期内虽然可以提高利润，但会给企业带来坏的士气。如果企业的工资水平高于市场工资，能更好地吸引和挽留人才，提高工作效率，以此获得更多的利润。

从组织内部来看，薪酬制度本身的公平性、公正性会影响组织成员间的信任，也会影响组织成员间的合作与共享。据有关研究调查，竞争性薪酬体现着平等的规范，区别了组织中员工之间表现和能力的差异性，竞争性薪酬体现在对组织当中表现最好的员工给予奖励，对表现最差的员工给予惩罚。在这种情况下，组织中员工之间的薪酬是负向相关，他们都会为了争取最好或摆脱最差而努力工作。从这一点来看，竞争性薪酬结构有提升工作效率和提高创新能力的效果，促进员工以更快捷、更简便或者低成本的方式来完成任务，并且认为这些工作活动可以满足组织的长期需要。

竞争性薪酬结构也体现着人与人之间的比较，员工会存在以牺牲他人成功为代价的自我中心动机，当竞争主导薪酬分配的过程时，员工为了达到自己多分配的动机，会以牺牲跟其他同事之间的关系为代价。在竞争性薪酬结构下，一个员工得到奖励，即意味着其他人的失去，大家为了争夺有限的奖励，他们会把彼此看成阻碍他成功的竞争者。根据目标依赖理论，在竞争性薪酬结构下，员工为了使自己的利益最大化，而不愿意共享知识和经验，甚至会将自己认为对别人有价值的信息封闭起来。

竞争性薪酬在组织内部有两面性，组织需要从一个“已有员工”的组织和“已有薪酬结构”的组织两方面来考虑。一方面在已经形成一定人员规模的组织中，性格外向和爽快的成员较多，可以考虑采用竞争性的薪酬策略。这种性格的人以帮助他人取得成功作为自己的最大快乐。所以他们不会因为竞争关系而“自私”，而在其他成员需要帮助的时候也会伸出援助之手，因为帮助其他成员伸出援助之手获得的心理满足远远比得到的奖励更让他们心动。另一方面在基于公司预算、成本或是行业特征等情况下，薪酬无法有大的改变，那么选择性格外向和爽快的员工，在组织工作上的配合较会更有利于工作的开展。

9.2 心理支点：从一元到多维的薪酬结构

俗话说：树挪死，人挪活。大多数的职场人士都有过跳槽的经历，职场中的每个人都是过客，似乎员工跟老板之间没有永久的合作关系。有人入职，有人离职，可谓道不同不相为谋。曾有不少的研究机构都调查过员工的离职原因，对现行薪酬福利的不满意是主要原因之一。薪酬福利失去吸引力，罪不在其本身，而应归责于我们的管理者，没有深刻认识到它的功能和价值。

随着现代职场员工受教育程度的提高，综合素质也不断提高，他们的人生观和价值观也发生着巨大的变化。90 后的员工是个比较有代表性的群体，当 90 后员工刚步入职场时，不少的管理者面对 90 后员工的管理都有“我本将心向明月，奈何明月照沟渠”的感慨，90 后员工与 80 后员工相比，自我观念较强，个性独立，对事物有自己的看法等，如今越来越多的 90 后员工成为职场的中坚力量。对于他们而言，如果还是仅靠企业的规章制度来约束，只会增加员工对企业的不满，冲淡员工对组织的认同感，降低其工作热情，企业管理的重点在于提高组织承诺，发挥薪酬激励因素的价值和意义，满足不同员工在薪酬因素上的需求，增加企业的归属感和责任感，员工才愿意留在企业并将自己的才能发挥出来，给企业带来更高的经济效益。

传统的薪酬体系指的是货币性的报酬，根据经济人的假设理论，认为满足了人们对物质的需求就达到了激励的效果。通常企业的薪酬体系包括岗位薪酬、绩效薪酬和福利薪酬。岗位薪酬是对员工的劳动付出进行的补偿；绩效薪酬是工作能力高低的价值补偿，高绩效的员工能得到更多的奖金奖励。

福利薪酬如“五险一金”“带薪病假”等，是一种隐形的货币支出。传统的薪酬模式只注重了员工的物质需求而忽视了员工作为社会人的假设，即员工的需求不只是单一的物质需求，更注重的是自身整体的一种改善和提升，包括生活、身心和自我实现等方面的满足。企业的全面薪酬体系，不仅包括货币性的报酬，即岗位薪酬、绩效薪酬和福利薪酬，以及公司的经营利润分配，如股权、公司红利等。还包括非货币性报酬，即员工的职业规划、培训学习、自我价值体现、对员工的肯定、良好的工作环境、适合的领导风格、感召力的企业文化等。全面薪酬的建立，将薪酬激励形式由以前单一的货币性激励变为包含多种激励方式的多元化体系，更加具有灵活性和创新性，也更多地满足了员工不同的需求，更加人性化。

在设计全面薪酬体系时，需要考虑各种策略因素共同发挥作用，构成一个比较完整的激励模式。有研究者做了调查研究，认为从薪酬福利激励、培训发展激励、组织文化环境激励和工作家庭平衡激励四个角度去设计全面薪酬体系，能够确保员工的激励策略的应用。

◆ 薪酬福利激励。

根据赫兹伯格的双因素理论，金钱是员工不可缺少的保健因素，货币性报酬的增加不能长期调动员工的积极性，但达不到市场水平对组织具有破坏作用。考虑内部薪资的公平性，一方面是员工个人付出和收益的公平，另一方面是员工与员工之间薪酬的公平。考虑长期利益与短期利益相结合，利用丰厚的股权激励作为期权激励，让员工看到未来的发展；能力和职位的增加将获得更高的货币薪酬，让员工抓住当下努力奋斗。

◆ 培训发展激励。

员工都有自我发展、自我实现的心理，企业为员工提供培训平台，让他们不断学习新知识、新技能，让自我变得更加强大，也是员工的核心诉求之一。随着员工技能的提升，将不会再局限于做好本岗位的工作，而是追求充满挑战性工作。企业需要为员工提供更多的发展平台，让员工不断提升自己，才能更好地在企业长期发展。

◆ 组织文化环境。

良好的工作环境、科学合理的规章制度都影响着员工的心理感受和对工作的投入程度，增加其工作稳定性。设计晋升机制或是扩大职责范围来激励员工的不断发展。人性化的工作时间充分相信员工，让员工进行自我管理，充分发挥自我潜能。

◆ 工作家庭平衡激励。

企业应该从感情上投入关怀员工，帮助员工平衡工作和生活中的困难；关注员工的身体健康，如每年可安排体检，换季时公司提供药品、带薪病假等，根据公司的预算可适当安排娱乐休息活动，让员工感受到公司带来的关心和给予的温暖。

9.3 一味增强剂：灵活的福利制度

小时候每年最盼望两个时间，因为父母的单位会发放“人间美味”。

一个是春节，父母单位会发糖果、点心、肉制品，等等，对于儿时的我来说真是欢天喜地过个年；二是高温福利，父母单位会发汽水、冰棍票，每天最大的幸福就是喝一瓶汽水、吃一支冰棍，从 6 月一直凉爽到 9 月。

在我小时候的计划经济时代，单位如果不发东西或是福利票，自己花钱能买到的东西非常有限。即使这样，发放的东西还是有些人不满意，比如有的家人少而发得东西多，有的孩子多而东西又显得少了，等等，也确实是众口难调。

回忆儿时的美味，也算是福利激励的雏形，在那个缺穿少吃的时代，福利对我们生活在工厂的人来说有着深深的吸引力。我刚参加工作的时候，有的公司对于法定的“五险一金”的福利都是不能保障，“五险”是转正后才给员工缴纳，而公积金根本不给缴纳，那个时候换工作的话，就可能意味着断缴社保的问题。随着市场的发展，人才竞争的加剧，慢慢地公司的福利也发生变化，“五险一金”已是基础福利，大家开始找工作时注重公司是否发放年终双薪、餐补、商业保险等福利，也越来越多的公司给予员工股票期权的激励，希望员工跟公司共同发展。

每个人对于一份工作的追求是不同的，个体的动机决定了其工作的结果。

在心理学理论中，当一个人有了某种需求时，他就有了较强的动机，并会为此设立目标及行动方法。无论是计划经济时代下的糖果点心，还是现代市场竞争环境中的双薪餐补，都是不同阶段企业对员工进行的激励。不同的是，计划经济下的激励过于传统，单一性、缺乏灵活性，无法满足员工的多样化需求。

而现代企业的福利设计作为薪资的一部分，是吸引优秀员工加入、提升员工工作积极性的重要手段之一。员工对达成企业目标的积极性越高，其工作成果就越好，员工所具备的积极性是个人心理过程，是可以被激发和改变的。

从人的角度出发，每个人都是社会人，在人类社会活动中需要得到满足，这种需要是社会人行使某项行为的动力因素。社会人不仅需要得到经济上的满足，还需要得到社会层面的满足。根据美国耶鲁大学的奥德弗教授提出的ERG需求理论，一种新的人本主义需要理论，即人们生存共有三种核心需要，生存需要、相互关系需要、成长需要。ERG理论表明，人在同一时间可能有不止一种需要起作用，比如说生存需要和相互关系需要尚未得到完全满足，人也仍然有成长发展的需要，这三种需要会同时起作用。

如果较高层次需要的满足受到抑制的话，或是追求受到挫折的话，那么人对较低层次需要的渴望会变得更加强烈。

从组织的角度出发来看，目标能够引导人的行为方向，它是个人或组织希望达到的结果。根据美国马里兰大学洛克教授提出的目标设置理论，他认为目标本身具有激励作用，人们会依据设定的目标努力，并将自己所得与目标对照，以此来调整自身行为，从而促进目标更好地实现。激励措施都是通过影响目标来影响个人动机，从而引导个人行为。目标设置理论的运用在于要根据员工自身能力大小、个人性格的不同来设置目标，同时引导员工在行为结果与目标之间及时调整，由目标激发动机，调动人的积极性，再由动机到达成目标，即是激励的过程。目标设置是提高员工绩效的有效方法，为员工设置目标并引导他们达成目标，有利于提高员工工作满意度及工作热情。

基于以上的理论依据，应认识到福利的功能，HR 以及福利设计的有效性，围绕吸引优秀员工、保留核心人才为出发点，根据市场环境的变化形势采用更灵活的福利体系。福利体系的设计可以围绕以下几个方面展开：

◆ 设置不同的福利层次。

按照员工对企业贡献程度，将福利设计分档。可分为保障性福利和绩效性福利，保障性福利就是基础福利，全体员工都可以享受的，比如法定的“五险一金”、年假、餐补、年底双薪等；绩效性福利可按业绩达标或是职务设置，比如年终绩效 95 分以上的可享受专业培训一次，经理级以上完成指标可享受年底“三薪”等。

◆ 自助式弹性福利。

员工可从企业所提供的福利菜单中自由选择需要的福利，每个员工都有自己的专属福利组合。弹性福利的本质是需要全体员工共同参与福利的制订。弹性福利的设计上也可以考虑积分型，更加灵活地满足员工的个性化的需求。积分型即员工暂不享受当时的福利而换成积分，今后用来兑换更大的福利，福利项目可以更加多元化，有利于强化福利的激励作用。

◆ 适时增减福利并公正兑现。

根据市场的特色福利及不同时代员工的需求，及时调整福利项目并按承诺去兑现员工所获得的福利。

9.4 边际效应：利用加薪产生的作用

加薪是组织激励员工的一项重要手段，员工会将加薪看作组织对个人绩效的奖励或价值认可。加薪虽是激励员工的重要手段，但是不是所有的加薪都被员工视为有价值的，而是要达到一定的加薪幅度，员工才会有感觉，加薪才有意义。

我对两次加薪有比较深刻的印象。一次是因为工作表现突出，在年终被评为优秀员工，第二年每月直接加了 800 元，金额虽然不大，但相当于我月工资的 20%，我还是相当高兴的，心里想着如果每年都照这个速度涨薪，那我几年之后也能收入过万。另一次是参加工作多年之后，因为各种原因计划春节后换工作，在跟领导的谈话中我说出了此想法，领导为了挽留我，在年度调薪中，直接加了 2000 元的月工资，比 800 元多了两倍之多，占了月工资的近 15%（当年公司加薪幅度均在 8% 以内）；但我没有惊喜，我计划通过跳槽的加薪涨幅远远高于此。所以 2000 元对我而言，并未改变我换工作的初衷，我也依然认为涨薪的比例与我的付出“不成正比”。

过低幅度的加薪对员工来说并无太大意义，有时反而会对员工的态度和行为起反作用，能够引起个体对加薪的反应的临界点称为有意义的最小加薪幅度。在此基础上，基于韦伯定律，Mitra 等人对该临界点进行了长时间的研究，发现平均 8% 的加薪会引起员工的积极反应（其中 8.4% 的加薪换来员工努力工作，7.2% ～ 7.9% 的加薪会换来员工积极的情感反应），低于 8% 的加薪将不会被员工有效地注意到；同时他们也发现平均 5% 的减薪会引起员工的负面反应（其中减薪 5.7%，员工会减少劳动；6.9% ～ 3.9% 的减薪会换来员工消极的情感反应）。此外，加薪从形式上对员工来说属于一种金钱激励，金钱激励也传达着某些超越了金钱本身的象征意义，比如认可、身份等。

Shaw等发现，事实上金钱激励比我们想象的更有效，因为它不仅能够提高员工的绩效数量和质量，而且还能够增强员工的内在动机强度。同为加薪，企业主动加薪和被动加薪对员工的绩效和行为也是有差异的，主动加薪与员工的工作绩效显著正相关，与其离职倾向显著负相关，被动加薪则相反。员工在经历了一次加薪后，其薪酬满意度会增加，但会随着时间的推移形成类似“之”字形变化曲线。

回顾两次印象深刻的加薪经历，800元代表了领导对我现在工作表现的认可，以及未来希望我的工作业绩能更好；而我接受了800元的加薪，则代表我愿意接受这份奖励及承诺继续努力的决心。2000元的调薪虽然比大部分员工都要略高，当时通过内部来看，我的工作职责一直在扩大，工作内容增加了不少，但“加量不加价”；通过市场薪资比较，相同的行业及平台，我的薪资也处于中等偏下的水平，所以对于这样的调薪挽留，我觉得公司“没有诚意，根本没有真正想挽留我的意思”。当时我个人也有点被轻视的感觉，就在春节后毅然决然离职了。事过多年想起此事，我觉得公司在给我加薪方面还是做了努力，但为什么会让我感觉如此大相径庭呢？

曾有研究文章指出，价值观从总体上支配人的行为和心理，加薪价值观也会有影响。加薪价值观影响着员工对组织的承诺、工作绩效、行为表现等，个体在追求自我价值观与外显行为表现方面有一致性的倾向。个体在实践的行为表现中，会不断验证自我的行为与认知的概念是否相一致，在两者发生偏差的时候，个体会重新自我构建出行为规范，以其符合自我价值观。

从组织层面来看，员工也会表现出与加薪价值观相一致的行为。就如同当年的我接受800元的加薪幅度，在之后的工作中我也是一如既往地努力工作，像是接受了一份心理契约，在心里委屈或烦躁不安的时候，总会想到公司是知道我辛苦付出的，也是认可我的工作结果的，所以又像打了鸡血一样继续奋斗了。

加薪的价值观包括公平水平感知、能力价值彰显、尊严满足实现、加薪过程规范、景气预期匹配 5 个维度来分析。按照自我验证理论，注重公平水平感知的员工，认为组织在肯定员工努力工作的态度，也会体现着员工“不患寡而患不均”的心理诉求。组织通过对努力工作的员工加薪而会提升员工对组织的公平感知。注重能力价值彰显的员工，认为个人能力与工作绩效决定加薪，加薪的多少依据市场水平及合理的规则。组织通过对绩效的认可加薪而提升员工专注于提升自身实力。注重尊严满足实现的员工，认为加薪是对自己的认可，让自己在同事和朋友们面前有尊严和地位，也会为尊严和地位而努力提高工作绩效。注重加薪过程规范的员工，认为组织的加薪方案的目的是提高个人绩效，所以他们也会在行为上偏好有提升个人行为的倾向。注重景气预期匹配的员工，注重组织的利润与员工共享共担，通过加薪能感受到组织对自己付出的尊重与分享。

9.5 博弈均衡：薪酬谈判中的“心愁”与“心仇”

加薪这件事儿本身是件好事，大部分的公司加薪是以年度作为调整的时间跨度，所有的员工眼巴巴地盼着这一年一度的“饕餮大餐”，希望通过自己去年的工作表现，在新的一年里，经济或多或少能得到改善。但有的公司每年也就象征性地普调一下，勉强跑得过通货膨胀，结果是公司虽增加了成本，但员工仍然不满意。

每年在操作加薪这件事儿时，采取的都是保密的机制。由 HR 部门的同事一对一约谈员工签字确认，曾经作为加薪工作的主导者，我也约谈过不少员工，在与员工沟通的过程中，通常员工会有这么几类想法：

◆ 我说了不算，权利在公司。

有的员工觉得加薪是公司老板和 HR 都“密谋”好了的，自己也说不上话。

那么问题是老板加薪的标准是什么？这个问题看上去好像是老板自己的事，但HR要让员工知道，老板招的每一个员工都是需要业绩产出的，要让老板了解员工实际的工作成果，特别是能够量化的绩效评估，就有机会争取到更高的加薪幅度。

◆ 我不好意思谈，埋头苦干顺其自然。

我们多年受的教育中，觉得谈钱是个伤感情的事情，或者讨价还价是件很没有面子的事情，即使自己谈赢了，显得自己太斤斤计较，若是谈不拢简直没办法干下去了。但HR要明确知道，并不是员工不主动提出，就不考虑他们加薪的需求，不要等到员工提出离开才会考虑。理论上公司和员工之间是雇佣关系，员工创造价值，公司支付报酬，当员工创造的价值越来越大的时候，理论上也应当支付更高的报酬。

◆ 我没有功劳也有苦劳，我的工龄很长。

公司支付的薪资是以员工提供的价值为衡量标准的，所以加薪是员工在现在的岗位的价值溢出。所以HR需要知道，只完成分内的事情，加班这部分是为了完成日常工作，难以成为加薪的理由。职场不相信眼泪。

◆ 谈不拢就离职。

如果达不到期望的加薪标准我就不干了，加薪可能是出于积怨已久的导火线，不争馒头争口气，最后一次为自己“讨个说法”。

如果达不到自己的加薪目标，与其尴尬不已，不如愤然离开。作为HR要清楚，加薪可能是表象，心理委屈了才是真相。有些员工没有谈拢加薪的幅度，但是由于员工已经“放了狠话”，即使在市场上没有找到合适的位置，也不好意思回头。HR在处理中也注意不要意气用事，而是要表示尊重和理解，让员工说出实话，找到真正需要解开的“结”，为组织挽留更多的优秀人才。

加薪谈判的过程，是员工跟组织博弈的过程，组织的代表者有可能是直接上级、HR或是老板。博弈不同于对立，并不是组织支持的，就是员工要反对的；也不是组织反对的，就是员工要支持的。博弈就是建立一种公开、对等的沟通机制，达到凝聚共识与缩小歧义的目的。加薪是员工个人对自己付出和所得之间的衡量结果，当员工觉得付出大于收入时，有的员工会减少工作投入以平衡自己的收入。比如工作专注度的投入，原来事事要求精益求精，现在只追求“差不多”的工作状态。

虽然组织会评估员工的工作结果，但也是他们工作一段时间之后才能知道，而在过程当中有可能会给组织带来的工作质量和效率的影响却不能马上显现，组织会处于比较被动的状态。

而有的员工就会要求加薪以符合自己的付出，员工就会找组织进行薪酬谈判，他们会从内部和外部两方面进行谈判，即使自己的薪酬在同行业处于较高水平，但与部门内其他员工的付出和收入相比，认为自己的付出和收入不成比例时，就会认为自己受了不公平待遇。从外部来看，他们会跟市场行情薪资去比较，即使自己的能力和经验没有达到相对应的程度时，也会认为自己的薪资待遇不符合市场行情。在谈判的过程中，核心员工、业务骨干会在谈判中占有优势，员工会抓住组织希望继续聘用自己作为谈判资本，员工会判断组织会为了留住自己而加多少薪资，如果愿意多付，可以多付多少；而对于组织而言，也会衡量留住该员工的最高成本能承受多少，只有当组织和员工之间的承受能达成共识的情况下，就达到了一种博弈的平衡。而如果组织既想留住员工又不想额外付出成本，整个谈判过程就变得比较复杂。

对于“谈不拢就离职”型的员工，员工会考虑新公司的薪酬、发展机遇、工作氛围等是否优于原来的工作，组织会衡量损失一个员工以及重新培养一个新员工的成本。组织挽留员工会在允许的范围内谈判，员工与组织之间就进入了博弈阶段，双方都希望通过最终决策取得利益最大化，除了加薪的方法，组织还可从岗位调整、职位上的变化、培训的机会等给予双方更多的选择机会。

第10章 培训与发展

10.1 心理预算：老板嫌预算贵哪儿了

培训对于员工来说，无一例外地受到关注，基于自身发展和技能提升，对培训的需求各有所需。培训对于 HR 来说，有挑战性的一点就是培训预算费用。我们都知道，培训受内容和形式不同，需要的培训预算也是不同的，比如就培训内容而言，受不同级别和职级的岗位需要，可分为管理知识和专业技能知识，不同的内容就需要不同的培训预算费用。而不同的培训内容就需要不同的培训形式，比如管理知识方面的培训，可以跟专业的培训机构合作或是通过网上培训平台进行。相对而言，管理层参加外部培训的机会多，普通员工接受内训的机会较多。

经常是 HR 制订了培训计划，在提交老板审批的环节被搁置了，培训预算费用太贵是原因之一：有时是没有专项培训预算，不愿意多花钱；有的是培训预算一减再减；有的因培训预算而调整了培训需求。老板提出的理由是培训计划不能马上见到效果，培训预算简直是浪费；参加完培训的人员自身的价值也未必马上体现，公司花了钱没有意义；培训计划与管理现状关联不大，投入培训预算也不能为公司增值。一边是不批复培训预算的老板，一边是多次努力而有挫败感的 HR。作为 HR 的我们，难免有情绪，认为老板太小气，只让员工干活，不给员工营养。

在老板审批预算的过程中，他的心理预算（Mental Budgeting）可能会产生影响。心理预算是指人们从心理上对各项支出设定预算约束，并对各项支出进行追踪的认知过程。小到个体、家庭，大到公司、集团都存在心理预算。

首先，心理预算是一个需要个体认知系统参与的过程，HR在制订培训预算的过程中需要了解老板的关注点，老板对培训需求的看法，市场上同类型、同发展阶段的公司培训计划如何等，整个培训预算不是提交和审批的过程，而是需要让老板的意见参与进来。其次，心理预算需要个体设定预算约束。

HR要了解公司经营的现状以及公司可能为培训预算支付的金额，公司的营利和费用的平衡是老板关注的重点，HR也需要在此多做功课。最后，心理预算需要对各项支出进行追踪。

老板在审批培训预算过程中，心理预算的影响因素有哪些呢？ HR需要了解这些影响因素，以便于更好地推动培训的实施。

◆ 预算设定范围。

Heath和Soll在心理预算的研究中提出，人们会对金钱和物品进行分类，分类进一步影响他们的消费决策。举个生活的例子，小王计划去买件外套，但没有看到合适的外套后，改变主意买了条裤子。小王给自己的服装账户里设了预算，没有买外套而使该账户里有余额，所以他买了条计划外的裤子。HR在提交培训预算的时候，不妨了解一下去年整体用在福利方面的费用（或整体费用），跟工资总额的比例是多少？今年可用的比例又是多少？如果整体福利费用（或整体费用）有限，哪些可以做出调整，节省出来作为培训预算。这样跟老板来汇报培训预算的话，审批通过机会更大一些。

◆ 时间偏好影响。

Shefrin和Thaler研究发现，相对于当前财产和未来财产，消费者更倾向于消费当前收入。记得有一次按公司战略规划，跟销售经理制定了当年的员工发展计划，目标是通过一系列的培训计划来提升员工的销售技能，从而增加销售业绩。由于是一个新的培训项目，虽然培训预算一压再压，但老板还是没有审批通过，当时老板说了这样一句话，你们的想法很好，但如果花了钱没有实现销售业绩目标呢？这就是老板的心理预算中的时间偏好产生的影响。最后我们调整了计划实施的时间，第一个阶段完成销售业绩后再开始实施，每个阶段在跟进上面多下功夫，及时调整员工状态，让培训效果充分发挥出来。

◆ 教育因素的影响。

Antonides，Groot和Raaij认为，教育程度越高，金融专业知识越丰富，在决策时越不容易受心理预算的影响。结果表明，相对于中等和低教育程度，高教育程度对心理预算的反作用更大，即教育程度越高，越不会受心理预算的影响。所以HR也需要了解老板的教育水平，才能有的放矢申请到培训预算经费。

10.2 吸引力法则：生动的课程设计

“纸上得来终觉浅，绝知此事要躬行”，出自陆游的《冬夜读忌示子聿》中的两句，这是陆游的一首教子诗，说明从书本上得来的知识是不够完善的，必须亲自实践才能深入了解其中的道理。就好比厨师做美食一样，看再多的菜谱而不去反复练习烹饪，也不可能做出美味佳肴。同样的，厨师学校的培训老师指导，也不是光念菜谱就能让厨师学到技能，而是边讲食材的特点、调料的味道、配菜的配搭、火候的掌握等理论知识，边动手演示给厨师们，当一盘色香味俱全的菜肴摆在厨师们的面前时，厨师们对做这个菜的过程就掌握了大半，之后再按照培训老师的要求反复练习，就能成为一个真正的高手。

从厨师培训的过程可以得到启示，成人的学习是在复杂的生活经历中进行的，有自我学习的动力和发展的意愿，随着个体发展的不断成熟，学习的目的也从储备知识到应用知识。成人学习的特点有：

◆ 着重经验。

成人非常强调学习内容与自我经验的整合，在保证实现学习目标的同时，将更多的注意力集中到“学习效用性、有趣性”上面。

◆ 注重合作。

成人注重与学习成员间的合作、交流和评价，他们认为学习不仅是个体认知发生变化的过程，也是与老师、伙伴达成共识的过程。

◆ 自我导向。

成人的学习动机及自主性高，可以自主安排学习任务及时间，并进行自我管理。

美国成人教育学家林德曼曾指出：成人学习的方法是通过情境认知，而不是学科学习。国内研究者侯锷也认为，现代企业培训课件的教学设计重点虽然经历了从知识到学习者的转变，但这个设计重点会最终回归到情境。“情以境为中心”将会是企业培训和开发的新趋势。情境理论强调，学习的设计要以学习者为主体，内容与活动的安排要与具体实践相联系，即只有将所学知识运用到情境中，有意义的学习才能发生。知识内容因使用的情境不同而产生不同的涵义，原因是由于情境作为一种认知工具对知识表征产生了影响。知识表征，即信息在大脑中储存和呈现的方式，包括概念、命题、表象、图式等。

比如“菜肴”这个词语，在识字教学当中会给出“烹饪好的蔬菜、蛋、肉和鱼等”的定义，而在完成一个菜品的过程中，则会在脑海中出现某个菜肴的原型。

那么，在实际的培训课程中，不同类型的培训内容需要配备不同的培训方法，以增加培训课程的吸引力。知识库培训。以入职培训为例，HR会对新员工进行规章制度、行政管理等方面的培训，这类培训员工参与度较低，可以采用讲故事、比喻的方法等，多增加些其他员工的实操案例等，让枯燥无味的规定与工作情境相结合，能增加培训的吸引力，引起大家注意听的兴趣。

◆ 专业技能培训。

以学习财务软件为例，不仅要学会财务软件的操作，还要在培训课堂上让大家练习操作。对于成人来说，仅使用听或看，只能记住所学知识的20%～40%，而通过操作练习能记住所学知识的80%。记得我之前学习薪资计算软件，培训时听着软件开发商讲一遍，听的时候觉得并不难，轮到自己操作系统时，从哪里导入工资数据、考勤结果从哪里查看……

还是得自己从头摸索，这样的培训就失去了价值。

◆ 主题场景培训。

通常使用角色扮演的方法培训设计的真实场景，就像演情景剧一样，零售行业在给导购培训时用得比较多。比如“如何打开销售话题”，培训师会说明一个店铺销售的场景，让两名员工分别扮演导购和客户，在互动沟通中成功完成销售任务。这样的培训有助于打开双方的思维方式，能够换位思考，加深对两个角色的理解，能有效提升销售技能。

10.3 缺啥补啥：钓鱼就像鱼一样思考

俗话说，“磨刀不误砍柴工”。农夫的刀磨得越锋利，砍柴的效率越高，质量越好。假如柴火是用来卖的，相比刀钝的农夫，快刀农夫所获得的收入也越多。公司培训员工就像农夫磨刀一样，把员工培训的能力越强，越与公司的价值观匹配，越能提升组织的战斗力。现在越来越多的组织愿意招聘刚毕业的大学生，他们没有工作经验，就像一张白纸，企业对他们的培训就像自己培养的孩子，一旦成长起来，会给企业带来很大的贡献。现在的组织，大多数老板都是知识型老板，年龄也趋于年轻化，他们更关心员工的成长，不少快速发展型企业都给员工提供了培训，但实际上很多员工对公司的培训并不满意，也没有达到公司期望的培训效果。

有些企业培训体系也搭建了，培训需求也做了调研分析，引进了不同的课程和培训形式，但组织和员工双方各存在着对培训的误区：

◆ 知识技能培训为主。

知识技能的培训是能最快转化成工作业绩，比如对销售技巧培训，员工掌握了之后立马能用在客户服务当中。在人力资本时代的驱动下，知识结构也是企业追求的目标之一，企业也希望加强知识技能的培训，提升组织整体的知识水平。实际上，光有知识技能是不够的，工作态度和意愿不够，员工也不会发挥自己的价值。所以在培训方面，知识技能和工作态度培训双管齐下才有效果。

◆ 填补管理的空缺。

在人才流动频繁的今天，培训是为了从不同的角度培养员工，降低优秀员工的离职率。但相应的管理手段跟不上，再多的培训也是亡羊补牢——企业投入了时间和金钱成本，把员工辛苦培养起来，跳槽员工如同给别人做的嫁衣。之前听到有的HR抱怨说，负责培训的同事快累死了，但员工一茬一茬地离职，公司都快成了别人的培训基地了。HR说公司的奖金提成方案经常变化，干得好和干得坏都没有什么发展的机会，员工看公司培训体系还不错，但知识学得差不多了，羽翼丰满就飞走了。

◆ 培训课程设计问题。

培训课程需要符合公司的实际情况，从学习时间、学习目标、成年人学习特性等出发。举个例子，基层员工琐碎的事情比较多，如果培训课程设置的时间过长，难免会影响到他们的工作，需要用加班时间来弥补，时间长了就会有抱怨。之前公司的招聘助理，每周参加完半天的培训回来后，其他部门抱怨找不到人，招聘需求没有回复，甚至销售主管直接对她说别参加培训了，还是先完成本职工作为重。招聘助理也觉得很委屈，不参加培训公司也要考核我，我能怎么办？久而久之员工提到培训就产生抵触情绪。

培训需要从员工的心理角度出发，以分析员工特性入手，以工作岗位需求为主，才能受到员工的欢迎，真正帮助员工的成长。

◆ 员工个性为依据。

现在的员工都属于知识型员工，具有一定的自主性，所从事的工作是复杂思维的过程，需要依靠个人的知识、经验和判断。他们看重个人成就，在工作过程中追求自我价值的实现及才华的展示，愿意主动解决问题，以体现自身的价值。具有更高的自主择业权，本身的知识也为其流动创造了条件。

培训的形式和内容应该考虑员工的个性因素，让他们做培训的主导者。

◆ 以岗位任职资格为依据。

职位体系和岗位能力模型是人力资源基础平台，为员工的岗位分层及综合素质做了规定，以知识范围、技能水平、职业素质和经验值为参考，结合员工的职业生涯发展规划，制订符合岗位要求的培训课程。以店铺的导购为例，培训从专业维度划分，职级分为初级、中级、高级、资深，不同的级别对应不同的课程，每一个课程完成后，并结合其实际应用和销售业绩，再决定是否晋升以及参加相关培训。

◆ 以理论为依据的需求分析。

根据心理学、行为学、社会关系学等不同理论成果，有关专家将影响培训的因素归为三大类：首先，基本需求。这是员工维持生活所必需的基础需要，员工希望通过岗位专业技能培训，通用管理培训来获得加薪和升职，以维持良好的职业保障。其次，关系需求。员工希望通过企业文化、人际关系及沟通技能等培训建立和谐人际关系，参与企业决策，获得人性化关怀等。最后，发展需要。员工希望通过领导力培训、管理能力等培训发挥自身潜力，获得工作上的认可、取得成就，以及表达与组织的高度契合的愿景。

10.4 心理陷阱：培训选择需要避开的雷区

组织的发展与员工的职业生涯发展密切相关，组织发展目标与员工发展目标相一致，双方才能成为紧密合作的利益共同体，在合作中实现双赢。阶梯式培训作为组织帮助员工发展的一项重要内容，让培训和员工的职业发展保持同步，让员工通过不断的学习与持续的自我提升相关，员工所获得的知识经验与工作能力给公司创造更大价值，同时员工本人的职业前景也会一片光明——收入和地位都会提升。

在某种程度上，公司为了提升员工的工作效率及综合素质，设计了阶梯式的职业晋升路径，配置分层的阶梯式培训。比如，HR助理参加的培训课程有人力资源课程、高效沟通、数据分析、时间管理等，而HR经理参加的培训课程有战略人力资源管理、领导力、教练技术、目标管理等。现代组织营造的是一种学习型组织的氛围，提倡终身学习的行为。阶梯式培训不仅体现在培训的内容上，也体现在培训的形式上，普通员工由内训可以满足，而高管则外训的机会多，越来越多的高管由公司派去参加领导力、经理研修班等培训。企业提供给员工的培训机会，成为企业提高核心竞争力的首选。

那么，HR在选择培训时会存在哪些心理状态呢？

首先，思维定式的影响。企业发展遇到新的挑战，知识更新的频率加快了，外部市场竞争激烈，企业在发展进程中呈现一种焦虑状态。由于人力资源管理方面存在不足，一提到员工能力的提升，HR就会想到通过培训途径来解决，大部分的企业认为管理者能力的提升与组织绩效提升关联性强。培训能满足员工自我提升的需求和成为企业取得成功的关键因素。

其次，从众的心理效应。在行业内的发展压力下，以及对标杆行业的效仿，造成了学习标杆企业培训的跟风状态。HR或是老板听说同行参加某项培训达到预期目的，就会迫不及待地在本组织内实施。在信息不对称和预期不确定条件下，看别人怎么做是风险比较低的，从而在培训方面表现出的是一种羊群效应，导致心理上盲从，培训没有效果。

最后，人脉圈的弱关系状态。参加不同的外部培训，会帮助高管打开人脉，建立高管自己的“朋友圈”资源，通过有效维护“朋友圈”的关系，为企业储备无形资产。弱关系指和联系不频繁的人的关系，和频繁交流的强关系相对应。格兰诺维特有关“弱关系的力量”的假设是：弱关系促成不同群之间的信息流动。这点我有心得体会，有次我参加一个类似于中小企业高管战略管理的培训班，学员都是来自不同企业的高管。我与几个邻座的同学聊得比较好，培训结束后还保持着联系，我们互相推荐面试应聘者，行业内信息的共享以及管理问题的探讨等。有次我们公司要举办一个活动，希望找一个免费的场地，我找到这个圈子的朋友，其中一个同学马上就帮我联系好了。

高管人脉圈的建立越来越成为公司一部分隐形资源。

根据《培训》杂志和安迪曼研究合作完成的中国培训行业研究报告 2016 ～ 2017 的分析中，受企业内训的条件限制，企业培训预算支出的 85.6% 用于外部培训。外部培训机构越多，市场发展得也越快。但市场整体秩序混乱，比如虚假广告的现象多，对培训效果的夸张成分及培训师能力不足。

由于进入门槛较低，管理也不够规范，出现了很多小公司而导致过度竞争，价格战越打越烈，造成培训市场的信誉危机。HR 在鱼龙混杂的培训机构中，可从以下几个维度来选择培训。

◆ 核心服务质量。

对于培训产品而言，它的核心服务就是通过培训后使员工的能力得到提高，所以培训机构的师资、课程和教材是关键因素。核心服务质量主要包括服务的绩效、特色、可靠性、服务能力等，有研究调查发现，会议的核心服务质量越高，顾客满意度越高。HR 在选择培训机构时，需要结合培训内容从培训师资、课程和教材方面考量。

◆ 附加服务的价值。

培训机构提供的附加产品或服务能够提高员工培训满意度。比如培训机构可按公司需求，灵活安排教室，在地理位置方面的优势容易获得员工的认可。培训结束后的跟踪培训效果、沟通回访等，都是可以作为衡量培训机构的指标。

◆ 品牌形象影响。

具有良好品牌声誉的培训机构，说明其培训产品在学员中的口碑中有较高的评价，它所提供的服务信赖感和诚信度较高。在培训行业的细分领域，学员对很多知名培训机构满意度也高。

◆ 员工的体验。

McLuhua 认为体验是许多记忆的基础。体验来自个人的心境与事件的互动。培训的体验是员工对培训内容以及效果和预期相比所形成的感受，通过对员工培训后的绩效，可以了解培训机构的培训质量和效果。

10.5 遗忘成本：记忆力是有代价的

培训是组织用来保证组织高效运作的一种策略过程，能够有效地推动组织的学习。有时我们感觉培训内容很好，听的时候挺受益，但能留下印象的地方很少。德国心理学家艾宾浩斯研究发现，遗忘在学习之后立即开始，而且遗忘的进程并不是均匀的。最初遗忘速度很快，以后逐渐减慢。根据遗忘进程的实验结果描述绘出了著名的艾宾浩斯遗忘曲线。这条曲线告诉人们在学习中的遗忘是有规律的，如不抓紧复习所学的知识，1 天后就只剩下原来记忆量的 33.7%，6 天后就只剩下原来的 25.4%。

遗忘曲线告诉我们，如果培训的知识仅储存在员工的记忆中，没有及时地将所学的知识在工作中实践，一部分知识很快就被遗忘。培训后记忆在大脑中的内容是有价值的，而遗忘的这部分则是培训成本。葛拉布森等（Globerson，1998）发现，知识的损失在一个月间隔后将损失 40%，而六个月后则上升为 90%。由于遗忘成本的存在，保持培训过而遗忘的内容需要支付再培训成本。再培训成本跟四项内容有关：每次培训的间隔期没有实践知识的比例、间隔期对应知识遗忘比例、为弥补遗忘所付出的再培训成本占原培训费用比例。

举例说明：A 公司 10 名高管参加两天的领导力培训，公司外包给外部培训机构进行。培训费为 10 万元，高管两天工资共 4 万元。培训知识的 50% 在培训结束后半年内没有实践也没有再培训。

传统培训总成本为：10+4=14.2（万元），计入知识保持成本后的培训总成本：对遗忘部分的再培训投入成本按原培训成本的一半计算。

总培训成为：10+4+50%×90%×50%×14=17.2（万元），根据上面的数据分析发现，由于遗忘成本的存在，企业用于保持知识的成本占培训成本的 20% 以上，也正是由于遗忘的影响，培训后的实际效果与估计效果也差距较大。为了最大化避免遗忘，可以采取以下几种方式：

①重视培训的时间和频次。

将培训的一次性集中传授调整为分次传授，每一次的培训都是上一次培训内容的递延和回顾，也会不断增加员工对所学知识的记忆。经过循环往复的培训，才能使员工对培训的内容记忆深刻。

②培训需要以行动为导向。

将培训所学的内容应用到实际工作中，在完成任务的过程中，将记忆的理论知识变成有意识的动作。心理学家指出，一项简单的行动，若能坚持 21 天以上，就会形成习惯。员工经过培训后形成的习惯是量的积累，一旦形成难以改变，就会发生质的飞跃，从而员工的行为就会有改变。

③培训着眼于个体，也重视群体和组织。

劳动分工是一种劳动的联合方式，培训不但需要考虑个体工作技能，也要考虑群体合作的因素，否则不重视培训需要的互补性，就会达不到估计的目标。比如说对不同的培训需求要分别满足。通过差异化的培训课程，使不同的员工都能取长补短。

第11章 企业文化与制度影响

11.1 心理契约：价值观的实质作用

作为意识层面的一种表现，价值观是个体认定事物，辨别是非的一种思维或取向，对动机有着导向作用。根据美国的西蒙·L·多伦教授在《价值观管理》一书中提出了价值三维模型，即伦理—社会维度价值观，它与社会价值观——诸如诚实、和谐、尊重和忠诚紧密联系在一起；经济—实用维度价值观，包括与效率、绩效标准和纪律相关的价值观；情感—发展维度价值观，它与信任、自由、幸福以及自我实现等联系在一起。以谷歌为例，其伦理—社会维度价值观为赚钱不必作恶，经济—实用维度价值观为越快越好，情感—发展维度价值观为以用户为中心，专心做一件事到极致。

而价值观、目标、利润是组织成功的三个核心要素，目标和利润建设容易量化及达成，但价值观的力量则蕴藏在员工之中，组织的任务就是释放员工的能量。每一个企业可以看成是一个场域，它真正的价值是来自聚集在这里的每一个成员及他们所形成的文化，由此聚集产生的价值而不断发生裂变，才会推动企业不断向上发展。谈到价值观的经典案例，不得不说苹果手机。苹果手机的成功，一方面在于包括用户在内的每个人都是产品经理，这是苹果成功的精髓。每部手机在每一个用户的手中都是独一无二的，他们在 DIY 自己的手机。另一方面苹果手机的设计理念中，融入了很多东方禅文化的理念，比如由繁至简的手机按键，没有产品说明书的简单操作等。

“不积跬步，无以至千里；不积小流，无以成江海”。价值观的影响力是细水长流、润物细无声的漫长过程，其作用在于从组织与个人不仅是单纯的经济型契约逐渐转移到心理契约，心理契约以信任为基础，表现为更高级的精神需求。个体与组织的雇佣关系为刚性的经济型契约，但企业在实际经营过程中存在着许多的不确定性，以及主体有限理性的限制，如加薪、晋升、职业发展等都不可能以固定形式出现，让员工从情感上对组织产生不安全感，未来在企业中的发展前途未卜，存在诸多困扰的问题，而心理契约能补充经济型契约所无法涵盖的责任感、成就感等精神因素。员工把自由与权利交给组织安排，是因为他们相信组织能够帮助他们实现个人价值，员工有了这个心理期望，自己就会制订工作策略及提升绩效成绩，以期望获得组织的相应回报，为了实现自己的价值就必须加倍贡献自己的能力，提升工作效率。虽然价值观的心理契约只在员工的心中，管理者看不见摸不着，但基于信任的基础和力量，员工会表现在心态、忠诚度、工作效率等方面。

正向的价值观给达成心理契约创设了良好的氛围，激发组织与个体的“共同心理程序”，实现人尽其能、人尽其用，减少雇主的缔约成本，满足个体需要的个性心理需求及变化。

一方面，价值观体现在组织与个体的层面，组织价值观的要求是什么，它明确了个体在组织中的行为和规范，如何与其他同事相处，在工作中具有的工作态度。但价值观不是企业的口号，写在制度里、挂在墙上，都无法真正发挥作用，组织应该将价值观实践在每一个环节。举例来说，公司倡导的价值观是诚信、责任，要求员工在工作中实事求是，敢于承担工作任务，但在其生产的产品中为了获得更大的利益而弄虚作假、偷工减料，那么员工在实践企业价值观时，心理自然不会以公司要求的方式，而会以企业的所作所为作为参考。只有每个人内心对于企业价值观及其实践标准的认同，才能让员工真正热爱组织，对能忠于自己所从事的事业。而不是公司说一套理论，而实践相反的行为，久而久之企业就会离期望的价值观越来越远。另一方面，员工个体的价值观决定了在组织中成为一个什么样的人，员工个体是否积极上进，愿意融入组织，有更高的目标和更远的追求，这些构成了组织价值观的基础。所以作为HR选拔人员时要找到符合企业价值观的员工，只有每一个员工都朝着同一个目标努力，自己所在的这艘大船才能在商海中破浪前行。

价值观不但包括以上提到的几方面的核心内容，也体现在外延中，需要以制度为保障。制度规范是发挥个人自觉性的保障，让员工在自觉意识和强制作用中平衡行为，让价值观发挥导向性作用。并通过文化活动的形式表现，比如联欢会、拓展活动、各类业务技能比赛等，在一定形式上表达企业文化。

11.2 强化作用：文化影响如何落实

糟糕的员工行为往往是被部门主管塑造出来的，因为很多管理者在执行方面存在着很多问题。

◆ 惩罚好的行为。

看到这个说法，可能有些 HR 会不认可，管理者还区分不出好的还是坏的行为吗？恰恰是在管理当中，有些好的行为受到惩罚而不再发生，有的甚至让员工怨恨公司。举例说明，有的员工能干，他的工作就越来越多；反之不能干的员工，工作量就较少。但是奖励机制、晋升机制或是加薪机制的缺失，让能干的员工没有得到相应的奖励，工作干得多，出错概率就大，领导批评的次数就多，承担更多的工作反而变成了惩罚，员工的积极性就会大大降低。再比如，一些管理者会以考勤来衡量员工是否“勤奋”“主动”，而早完成工作的人早下班时会被认为“不敬业”，或是被安排帮助其他同事完成工作，具有较高的工作效率的员工得到了一种变相的惩罚，也会慢慢变得拖拉起来。

◆ 奖赏坏的行为。

员工在组织中的不良行为没有受到惩罚，不惩罚就等同于管理者的纵容。比如拒绝跟其他部门配合，并找出一堆“别人的问题”，管理者执行不下去，采用听之任之的态度，导致越来越多的员工拒绝跨部门合作。

◆ 不劳而获、坐享其成。

有的员工工作全靠“嘴”，工作效率不高、工作绩效不佳，但是会向领导“汇报”，表决心强调困难，自己所处的情况恶劣，自己付出了多少辛苦，这样的员工天天在领导面前出现，反而受到更多的关照和待遇，而工作非常努力的员工，能够独立解决问题，领导却关注不够。长此以往，就会形成恶性循环。

管理者在改善员工行为时，可以运用强化理论。强化理论又称修正理论或条件反射理论，是由美国心理学家B·F·斯金纳提出的，斯金纳认为人们做出某种行为时或不做出某种行为时，只取决于一个影响因素，那就是行为的后果。当这种行为的后果对他有利时，这种行为就会在以后重复出现；不利时，这种行为就会消失。人们可以用正强化和负强化的办法来影响行为的后果，从而修正其行为。强化理论认为正强化比负强化更有效，负强化及惩罚可能引起一定副作用，比如会出现悲观或是消极对抗等行为。

强化理论对于企业文化有推动作用，在管理的实践中，正强化就是奖励组织上认可的行为，比如责任心、敬业度、高绩效等，组织可以通过发放奖金、表扬、晋升，给予学习和成长的机会等加强组织认可的行为。负强化就是惩罚那些与组织不兼容的行为，比如迟到、未完成业绩指标等，组织可以通过批评、处分、降级等削弱组织不认可的行为。对强化理论的应用，要考虑强化的模式，并采用一整套的强化体制。强化模式主要由“前因”、“行为”和“后果”三个部分组成。“前因”是指在行为产生之前确定一个具有刺激作用的客观目标，并指明哪些行为将得到强化，如绩效目标，本月需要完成20人的招聘任务。“行为”是指为了达到目标的工作行为。“后果”是指当行为达到了目标时，则给予肯定和奖励；当行为未达到目标时，则不给予肯定和奖励，甚至给予否定或惩罚，以求控制员工的安全行为。强化的具体方式有四种：

◆ 正强化。

正强化就是奖励那些符合组织目标的行为，以便使这些行为得以进一步的加强、重复出现。人与人之间是不同的，不同的强化对象应该采用不同的强化措施，比如并不是所有的人都喜欢公开表扬，这就需要在激励时因人而异。强化的因素与所要强化的行为必须有一定的关联性，比如午餐补助人人都有，与员工的具体工作无关，所以起不到强化作用。有研究表明，领导工作效率的高低，区别不在于更多的正强化，而是要及时给予肯定，避免延迟导致积极行为消退。一次正强化的效果是微弱的，需要多样化、长期和短期结合的强化。在正强化的过程中，强化的标准不能模糊，而需要给出清晰的界定。

◆ 惩罚。

当员工出现一些不符合组织目标的行为时，采取惩罚的办法，可以约束这些行为少发生或不再发生。惩罚是力图使所不希望的行为逐渐削弱，甚至完全消失。处罚员工是得罪人的事，但在组织中不可避免，对于违反公司制度和原则的情况，必须给予处理落实。管理者需要掌握的惩罚措施包括：填写警告单、公开批评、扣除绩效评分、扣发绩效奖金等，在实施的过程中管理者需要按照公平公正的原则，以事实和规定为依据，并取得员工的认同。

◆ 负强化，负强化强调的是一种事前的规避。

俗语“杀鸡儆猴”形象地说明了两者的联系与区别。对出现了违规行为的“鸡”加以惩罚，意欲违规的“猴”会从中深刻地意识到组织规定的存在，从而加强对自己行为的约束。

◆ 忽视，就是对已出现的不符合要求的行为进行“冷处理”，达到“无为而治”的效果。

俗话说：“小功不奖，则大功不立；小过不戒，则大过必生”。在实际工作中，制度和文化的执行过程中，要做到奖功罚过、奖优罚劣、奖勤罚懒，才能真正调动人们的工作积极性。如果良莠不分，是非不明，就会造成“干多干少一个样，干与不干一个样”的不良局面。作为企业的HR可以按照强化理论的应用原则，结合公司的各项文化和制度的实施原则，合理使用正强化和负强化激励方法，才能形成一种激励合力，达到引导员工理解和支持的目的。

11.3 触类旁通：化解年会的抱怨

忙碌就是职场现状，闲暇只是白驹过隙。工作时间忙，下班时间忙，到年终更忙了。除了完成日常的工作，还要写总结、做计划，更重要的一项工作就是筹备年会。据说年会最早起源于闽南一带，当地人每年举办“尾牙”仪式，用来祭祀土地公。这种仪式一般以吃喝、表演、游戏的方式呈现，整个过程比较欢乐。现在的企业借鉴了这种形式，在每一年的年底，举行一次全体员工的集会，目的是汇报公司一年的业绩和成绩，鼓舞员工士气，奖励优秀员工代表，向员工展望美好的未来。

年会对于公司而言，可以加深员工对组织的情感，增进员工之间的交流。平常工作时间，大家都各忙各的工作，除了工作交集外，很少有其他的接触，而年会为大家提供了加强情感的好机会。例如，通过年会的游戏环节，让大家彼此熟悉，在合作当中重新认识对方，甚至还能成为好朋友。再者年会能够创造出团队积极向上的工作氛围，提升员工士气。公司通过自身的总结，肯定成绩和反映问题，明确目标和明年规划，让员工了解公司的现状，经营好员工的动力，实现员工的梦想，向员工展示公司的文化并传递企业的价值观，让员工看到自己所在的企业的魅力。最后年会是展现自己的好机会，因为工作场合不能施展的才华和特长，在年会上可以表现出来。曾经公司的前台，因在年会当中展现出了自己主编的小品和沟通组织方面的能力，成为培训部和市场部争抢的人才，最后根据员工个人发展意愿去了培训部，这样一个年会或许是人生职场的一次华丽转身。

虽然年会有种种好处，但据有关调查研究称，还是有一半以上的人表示自己患上了年会恐惧症，在参加年会活动前会感到焦虑。调查数据表明，51.3% 的人认为，最大的困扰来自“节目要求高，很花精力”，有的网友边抱怨边求助年会表演节目。59.1% 的人认为，排练年会节目占用了自己的休息时间，没有调休也没有加班费。在愿意参加公司年会的人当中，40% 左右的人希望自己当观众，30% 左右的人则认为自己是“被迫表演节目”，15%

的人愿意主动表演节目。

另外，对年会的不满来自奖品设置，年会上卖力表演节目，费劲参加游戏，好不容易夺得胜利，赢了一堆廉价的毛巾、护手霜等便宜的小礼品，心态好的员工看成是反正不花钱的意外之财，而这得与失的计较，全凭个人的自愈能力，多奉献少索取，才能图个心安理得。虽说礼轻情意重，但年会奖品体现的是企业的生产力，也是员工对企业认同感的外在体现，对外部来说，奖品体现了一家公司人文关怀的程度；对内部而言，用心的奖品也会让员工获得更多的认同感和自豪感。记得曾经的一位同事，当时他的业绩并不是太好，后来离职了。我主观地认为他可能去的公司不太好，彼此也没主动联系。不久后，他晒了一张图在朋友圈，是他在新公司年会上抽到的奖品——是当年有 5 天在家办公的机会，奖品券上备注也很清楚，直接凭券向人事办理手续。不得不说，我们还是很震惊——这家公司福利怎么这么好，奖品这么实在？其实内心真实的想法是：人家去的新公司比现在我们的公司要好。

还有对年会的不满是来自于年会的“硬件”，行政部的同事为了找到有档次、餐饮有特色、规模大小合适、音响灯光效果、预算符合要求的场地。费了九牛二虎之力找到了一家全部符合要求的场地，但就是交通不方便，也会被全公司员工吐槽。另外一个问题就是在年会上没吃饱，每盘菜品都很花心思，也摆出了节日气氛，但就是量少得可怜，连基本的温饱都没解决，谈何满意度呢？

沐浴焚香、抚琴赏菊。年会作为公司一种重要的群体仪式，将个体成员聚集在一起，激发他们的集体活力，使他们意识到群体的存在及其力量，通过这种仪式提醒成员记住团队的理想与目标。仪式的作用还在于加强个体与组织之间的关系，肯定组织存在的意义。以阿里 2018 年年会为例，在年会开始前，阿里微信公众号发起了点名活动，一时间花呗、淘宝、盒马等阿里旗下 40 多个产品部门相继喊“到”，让我们看到了贯穿金融、生活等各个领域的阿里帝国正在崛起，更让我们看到了强大的凝聚力，一声令下，百剑齐发。

HR 可以根据公司的行业特点、员工人数、企业文化、预算费用等来制订不同的年会方案。比如拓展训练年会，近几年比较流行，整场活动在轻松、热烈、感动与斗志满怀的氛围中进行，团队成员互相帮助克服困难，增强了之间的信任和了解。或者来一场休闲年会，员工和领导就像家人一起交流沟通，形式可以是户外烧烤、篝火晚会，也可以有一两个热闹的小活动，增加火热温情的气氛。

11.4 有声有色：给会议来点儿艺术情趣

开会恐怕是职场人士最为熟悉的一种工作方式，有人说不开会的职场人士，要么是级别不够高，要么是公司机制不健全。开会能部署工作、讨论问题等，其本身是个很好的形式，由于经常被滥用，常常让人感觉开会是冗长、疲倦、浪费时间，大家似乎都是尽力躲避开会。我们开的会议多是议事型的会议，需要通过多向的讨论来对问题做出决定，但现实开会的情况是参会者没有机会发表意见，或发表的意见也是没有实质意义的套话，会议中的互动流于表面形式。

记得有一句名言，所有动作都是反动作，即每个动作都是被对手的动作或其他因素激发出来的。应用在会议中也是如此，参会的组织者是会议的发起及实施行动的人，而参会人是被邀请出席会议的人。以公司级会议为例，有的公司是由人力资源部门、行政办公室或总裁办公室组织发起，各部门经理为参会者，主持人是老板、HR 经理或总经理秘书等，参会人的工作结果在会议中向老板汇报。以公司级会议为例，会议可能有以下几种情境：

◆ 老板和所有经理主动参与、互动有余。

会议整体呈现出活跃的状态，理想的状态是在不断讨论的过程中，解决了会议的主要问题，也可能出现大家脑洞大开，忘了初心、偏离轨道，最后拖拖沓沓、没有结果。此情形下的会议依赖明确的会议规则及执行力较高的主持人，在时间、话题不合适的情况下能及时阻断。

◆ 滔滔不绝的老板，沉默无语的经理。

有时老板谈及某一话题，可能是他很擅长的方向，也可能是他对经理们提的要求，也许是对某项团队共性的工作不满意，或是无论哪一个经理汇报都是习惯性否认……会场就会出现老板“一言堂”的现象，会议中没有互动的话题，参会者没有意愿去发表自己的建议。“一言堂”的会议参会者处于被动状态，容易产生“你说你的，我干我的”，会议的结果经常流于形式，开不开都一样。

◆ 积极沟通的经理，处于思考中的老板。

有的时候，部门经理“反客为主”，在会场上滔滔不绝，老板则一直处在思考状态，似乎显得有些被动。原因可能有：部门间有争执，打破了原来开会的计划，双各执一词；经理提出的问题具有挑战性，老板还没有想好如何有效解决，而需要花时间去权衡利弊；老板对于之前已沟通过的计划有调整的想法，认为这个会议不应该再开下去了，希望尽快散会。无论是哪种情况，会议的有效指数都不会太高。

◆ 最无聊、最失败的会议。

与会双方都无心开会，整个开会场面也是毫无生气。印象中有一个部门分管副总，要求每周二下午开读书分享会。周一、周二是一周最忙的两天，我们常常是为了应付，在开会前找一本书的简介，开会时随便说两句，别人说的时候自己想着手里的活，副总也是不断在笔记本上奋笔疾书，想必他也很忙，这样的会议对规则无要求、对结果无期待，而我们却常身在其中，不可自拔。

高效率的会议结果，需要两个有利条件：严谨的规则和充分的互动，这两个条件又相互作用、相辅相成。会议中最害怕出现两种情况：大家都在说和没有人说话。那么，严谨的规则之一可以体现在会议边界条件的设定上，即会议中选项的决定意味着会议“边界条件”的界定，比如我们需要设计的商标元素是复古的、欧式的，还是其他的，通过边界条件让参会者停止扩大讨论范围，而始终围绕会议主题进行。边界条件包括目标、最低达成目的、满足条件等内容，边界条件说得越清楚，达成的结果越有效。

充分的互动则可以体现在会议中的领导艺术。会议也是管理的重要舞台，体现管理者的管理能力和水平，一个有个人魅力的管理者是知道如何去影响员工的。无论大小会议，都体现着管理着的领导艺术。

◆ 开会前先沟通。

在开会过程中，大家都有不同的压力感受，试想一个陌生的管理话题抛出来，基于人的本能的行为反应，极有可能提出反对的意见。比如，在没有征求任何人意见的情况下，HR在会上提出调整工资结构，即使是老板的想法，但在会议上遭到各参会者反对时，老板也会显得很被动，相反老板还会批评HR，做事不讲方式方法，HR也会觉得很委屈。所以开会前先沟通，争取大部分参会者的支持和接受。

◆ 内容与形式交替。

会议也是一种企业文化的体现，没有形式就没有内容，这是一个非常重要的观点。形式是内容的载体，内容要通过形式来传递。所以开大会时形式大于内容，其核心在于造势和影响，目的在于增加员工的信心和团队凝聚力，而小会则注重解决实际工作问题，体现着解决的效率和结果，所以更多的精力要放在内容上。

11.5 与生俱来：天生我才必“八卦”

“我给你讲个秘密哦，但你千万不要告诉别人”，有人的地方就有八卦。

八卦是人与生俱来的能力，需要说明的一点是，八卦与谣言不是一回事，八卦一般存在于现实生活情境中，八卦更强调人际性，体验揭露稳私的快感；而谣言更注重社会性，往往强调发生的事件。

从进化心理学角度，对别人生活热切关注是大脑进化的副产品。早期的人类是群居生活，为了生存的需要，一起生活的人们必须相互了解并团结起来，最擅长跟人聊天，甚至有影响力的人，存活的机会就会更大，日子也过得更好，能拥有更好的食物资源，找到更好的配偶，最终成功的将自己的基因传递下去。而从社会心理学的角度，闲聊八卦能促进我们与他人进行交往，促进群体团结，拉近人际距离。有的八卦内容富有娱乐性、诙谐性，闲聊起来令人身心愉快，让人们自我感觉更良好、更自信。人的潜意识里也想知道更多的社交八卦，以获得更高的社会智商和更强的沟通能力。

组织中的八卦之所以屡禁不止，原因是竞争压力激烈，没有什么比获得“小道的内幕消息”更让人精神振奋了，好消息传得快，快消息传得飞快，灾难性的消息传得超快。据说，办公室的八卦能在一支烟、一杯茶的工夫且毫无费用的情况下达到 90% 的普及率。八卦之所以广泛传播，大致有以下几种原因：

一是共同的小秘密能拉近人际关系，我与你分享八卦新闻，我们大家是一家人；二是心理满足感，我知道而你不知道，知道者能获得声望和影响力，有什么事情大家都会问问他，他什么都知道，无疑彰显与众不同的地位；三是心无城府、口无遮拦，听到什么都会马上散播出去，加速组织中的八卦传播；四是心理安全感，获得八卦的消息越多如同得到的情报越多，越有可能在关键时刻打败敌人；同时了解到某个风光不已的人，其实上级特别不待见他，于是觉得自己还不错，顿时踏实了不少。据有关调查显示，办公室的八卦排名第一的是“薪酬福利”，排名第二的是“人事调动”，排名第三的是“办公室恋情”。

调查表明，正面八卦往往多于负面八卦，在八卦中，有 72% 都是同时包括正负面评价的八卦。比如，我们经常听到有同事会说，小张特别不容易，每天都加班加点，但是还老挨说，每回涨的工资也不多；同事的评价中，小张的辛苦付出是正向的积极评价，而后半部分却是负面的。显著正面的八卦占了 21%，高于显著负面的 7%，也说明正面的八卦高于负面的。

虽然办公室的八卦有其积极的一面，但漫无目的闲聊也会耗费员工大量的工作时间，大大降低了工作效率；道听途说的传闻以及桃色新闻会让员工产生失望、厌倦的心情，无中生有的降薪、裁员等负面消息则会在员工中引发恐慌。那么作为 HR 如何引导管理者应对办公室的八卦新闻呢？

◆ 如何处理八卦。

不能以命令的方式禁止八卦，比如不能开会时口头通知，即使写在制度中也会形同虚设——员工们都知道，但是八卦新闻依然流淌在管理者看不见的地方。换个角度看负面的八卦，可能是组织中存在的重要问题，管理者需要从八卦中捕捉到可能出现的管理问题，比如刚才提到的任劳任怨的小张，表面上是同事替小张打抱不平，其本质是组织的公平性、绩效评估的合理性、晋升通道的建设，员工会根据小张的现状来评估自己的未来。一来需要了解小张工作的实情，对小张的工作做出合理的安排；二来需要让提到此事的同事看到，小张积极的一面。

◆ 坦率真诚地和员工沟通。

有报道指出，当管理者关起门来压低声音和员工谈话的时候，焦虑就会在其他员工中滋长，即使整个上午关起门来开会，也在要合适的时间提及会议的讨论结果。

斯坦福大学商学院组织行为学教授奇普•希思则建议不妨参与到八卦中，专门负责直接解答员工询问的公司八卦，让公司的舆论领袖能获得信息，在八卦传播的时候，能控制八卦的内容。但有人可能会想，让员工们主动提及，谈何容易，万事开头难，在最初实行的时候不容易，建议管理者可以就知道的八卦内容在公开场合正式回应，慢慢地引导员工通过正向的途径来提问。

第12章 HR自我发现与修炼

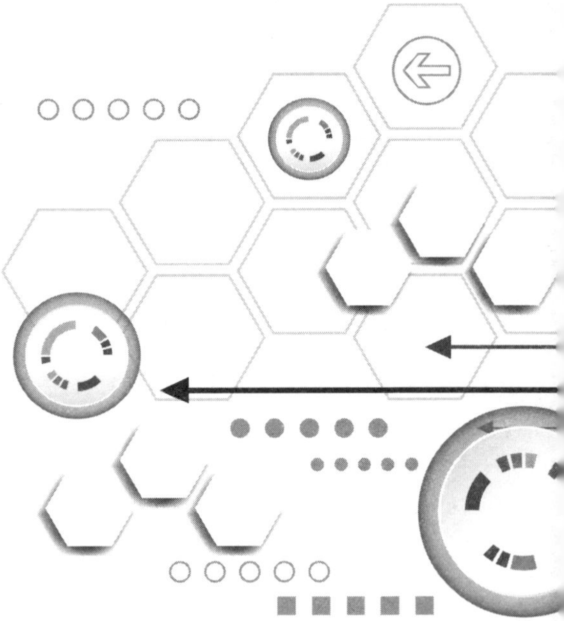

12.1 自我认知：性格特点的洞察与理解

《道德经》的第二十三章说到“知人者智，自知者明”，说明自我了解的重要性。中国有一句话，叫“人贵有自知之明”，这句话的最早表述者，也是老子。“自知者明”，就是说能清醒地认识自己、对待自己，这才是最聪明的，最难能可贵的。法国思想家蒙田说：“世界上最重要的事情就是认识自我”。

自我认知深刻影响着每一个人的成长发展，决定着每一个人的职业生涯方向。

自我认知是对自己的洞察和理解，包括自我观察和自我评价。自我观察是指对自己的感知、思维和意向等方面的觉察；自我评价是指对自己的想法、期望、行为及人格特征的判断与评估。正确的自我认知，对个人的心理及行为有较大影响，如果对自我的认知与其他人的评价相差悬殊，长此以往会产生自满或自卑的心理，与周围人的关系也会变得矛盾重重，将不利于个人心理的健康成长。

人们在现代职场中的自我认知会存在两点不足：一是自我认知能力不足，具体来说包括：①对自己的身体和生理方面的认知；②对自己心理活动及状态的认知，如能力、气质、思维、情感等；③对自己社会地位、人际关系、周围环境的认知。二是缺少自我认知的反馈机制。对自己在工作中的认知活动监控和调节不足，例如不会主动寻找自己存在的问题，并有效地找到提升自我的方法。由于缺乏心理学等相关知识，自我认知仅通过别人的评价，在别人眼中来了解自己是什么样的人，这样的评价过于简单和片面，而且很多的关注点还在于内外向、成熟度等方面，不会从意识、思维方式、处事动机等多维度去分析自己的特征。

客观的自我认知形成合理的理想自我，并通过正确认识自己与他人、个体与群体，采取不同的人际关系策略，才能形成良好的社会适应和人际关系和谐。在职业发展过程中，将组织的价值观和文化融汇成自我认知的一部分，才能使自己与组织真正成为一体，自己的发展方向、奋斗目标才能正确把握。听到越来越多的人说，我就是一个打工的，公司的目标是老板的梦想，不是我的未来。我只拿了一份打工的钱，我只把我的工作做完就可以了。这可能代表着一部分打工者对工作的自我认知。另一个反向例子是著名的火锅品牌海底捞，工作17年的杨丽娟从服务员升任首席运营官，海底捞于2018年在香港上市后，刚满39岁的她拥有价值30亿港元的股份，成为人生赢家。杨丽娟从最基层的服务员做起，把海底捞当成是自己的事业来做，最终成就了自己，也收获了硕果。

在自我成长的道路上，会出现心理不稳定的因素，发展顺利时会有优越感和成就感；而遭遇挫折时，就会怀疑或是否定自己。自我认知也是一个持续不断、周而复始的过程，能帮助我们在行走的每一步认清方向。

◆ 开始觉察自我。

人的意识影响行为方式，而人在不同阶段的想法又是不断地发生变化，就像我们小学时候的理想都是想当科学家、宇航员、足球明星等，再长大一些目标就具体了，初中的理想或许是当个医生、老师，等等，真正参加工作就更务实了，踏踏实实做好每一天的工作。一个人要想达到理想的目标，必须更多地认知自己，在不同的时期觉察自己的想法和产生行为的动机，激发自己奋斗的欲望，按照设计的路径努力实现各阶段的职业目标。以我个人的成长经验分析，我认为自己是爱看书的人，但有时候很爱看书，有时候又懒得看。以前我会强迫自己在不爱看书的时候去看书，但发现效率并不高。经过一段时间的自我观察，一方面我情绪紧张的时候不爱看书，另一方面没有

“竞争伙伴”的陪伴不爱看书。找到干扰因素后，我会时常提醒自己放松心情，再着急的事情也有条不紊去解决。我会时常参加读书会，走进校园去找到学习上的“竞争伙伴”，从各个方面“刺激”我看书的动力。经过长时间的努力，我已经不需要外界的“支架”，达到了爱看书的平稳状态。

◆ 不断的自我探索。

通过有意识的觉察开始，通过职业测评、专业人士的评价，了解自己职业兴趣、性格特征等因素，清楚自己的优势和不足，发现自己内心真正的需求，扬长避短地设计自己的未来发展路径。其中兴趣、性格、能力和价值观是影响较大的四个方面：兴趣是我们前进路上最好的老师，有兴趣的事情能激发我们更多的热情，更愿意付出时间和精力；性格帮助我们探索自己更适合做什么，比如我的性格外向、好动，对数字不太敏感，所以从事会计方面的工作就不是最佳的选择；能力是探索我们能做什么，需要通过职业素质测评、能力模型测评等了解自我能力的现状，从事与自己能力匹配的工作；价值观在工作选择中起方向性的作用，比如在工作中遇到冲突时，可以成为选择的标准。

12.2 提问回复：艺术与判断兼有之

提问和回复是常见的沟通形式。爱因斯坦曾说过提问的重要性：提出一个问题往往比解决一个问题更重要。孔夫子更直白地说：“一言可以兴邦，亦可丧邦”。HR 每天提问的机会非常多，比如提问应聘者“你为什么考虑选择我们公司？”或是与离职员工面谈“我了解到你离职的原因是想换一份离家近的工作，这个决定是否可以再考虑一下呢？”在实际工作中，HR 也经常回复一些员工的提问，比如加班太多了倒休不过来，希望换算成加班工资，但公司以倒休为主，应该怎么处理？公司为什么不增加一些业余活动？看似再平常不过的提问和回复，其实也可以从两个维度来解读：一是从情感方面来看，向他人提问或回复的内容是否有技巧和智慧，让对方感到很舒适，又从心理上不抗拒；二是从思维方面来看，需要独立分析提问或回复的内容是否真实，即使扪心自问，也要判断回复的内容是否有偏差。

在面试的薪资沟通环节，HR 会遇到这样的情况，应聘者问到公司的薪资结构，HR 第一种说法是："我们公司的岗位工资由基本工资和补贴构成，你所应聘的岗位工资是 10 000 元，其中 9 000 元是基本工资，1 000 元是补贴"。第二种说法是："我们公司的岗位工资由基本工资和补贴构成，你所应聘的基本工资是 9 000 元，另有 1 000 元补贴，一共是 10 000 元"。虽然薪资的结果是一样的，但是第一种说法启动了应聘者的损失意识，应聘者会认为这个岗位的工资由 10 000 元降到了 9 000 元，1 000 元补贴是公司的福利。我们都知道基本工资是刚性的，而福利是弹性的，也就是福利可以由公司调整，这样应聘者在薪资方面的安全感就打了折扣。而第二种说法会让应聘者感觉到补贴是公司额外支付的，体会到了"福利补贴"的感觉。这种由于不一样的表达导致相反结果的现象称为"框架效应"，1981 年由著名心理学家特维斯基教授和卡尼曼教授提出，说明同一事件的不同表达方式完全可以影响我们对同一事件的不同认知。

HR 在与员工沟通时，常会碰到不同的困惑，有些就是由于表达不恰当所致。"框架效应"告诉我们，在人际沟通中，关键不在于说什么，而在于怎么说。如果 HR 要公布一项政策或是消息，应该如何最大限度让好消息更具积极性而减少坏消息的不利影响呢？芝加哥大学行为科学教授塞勒提出了四个原则：

①如果有几个好消息要发布，应该把它们分开发布。根据前景理论，分别经历两次获得所带来的高兴程度之和要大于把两个获得加起来一次经历所带来的高兴程度要高。比如有的老板会困惑的问题，十三薪（福利奖金）要不要跟年终奖（绩效奖金）一起发？专业的 HR 可以提议，一次性发放不如分两次发的积极性更高。

②如果有几个坏消息要发布，应该把它们一起发布。同样的根据前景理

论，两个损失结合起来所带来的痛苦要小于分别经历这两次损失所带来的痛苦之和。比如今天销售业绩未完成，而且还有客户因产品质量问题而发生了索赔，这两件事情要一起告诉主管，相比分开两次说，会减少挨骂的次数。

③如果有一个大的好消息和一个小的坏消息，应该一起发布。坏消息带来的痛苦会被好消息带来的快乐所冲淡，负面效应也就少得多。

④如果你有一个大大的坏消息和一个小小的好消息，应该分别公布这两个消息。好消息带来的快乐不至于被坏消息带来的痛苦所淹没，员工还是可以享受好消息带来的快乐。

另一方面，作为 HR 在与员工沟通时，会有海量的信息等着影响和说服我们，取舍变得越来越困难，有的信息证据不足，有的似是而非，有的言语草率，要从这些信息中去伪存真，学会提问是个不错的选择。提出问题的第一步是必须清楚为何提问，在听对方表述观点的时候，要有意识弄清楚对方的论题和结论。《学会提问》一书的作者应用批判性思维领域的最新研究成果，授予人们富有理性、逻辑性和批判性地提出、思考、判断和解决问题的方法。

书中对论题的界定为引起对话或是讨论的问题或争议。论题分为两类：描述性论题，即指对过去、现在或将来的各种描述的精确与否提出的问题。比如明年公司的人工成本预计达到多少？他们的答案需要描述问题的过去、现在及将来的可能性。规定性论题，即对该做什么，不该做什么，什么是对的，什么是错的，什么是好的，什么是坏所提出的问题。比如办公室恋情是能够被公司允许的吗？在你辨认论题的时候，要努力抵制这种思想：陈述这个论题的正确方法只有一种，其他都是错误的。一旦你找到整篇文章或整场讲座所要论述的问题，以及这个问题和这篇文章或这场讲座之间的联系，你就已经发现了论题。只要确保你所界定的论题符合“论题”的界定标准即可。结论就是沟通对象希望你接收的信息，通常在谈话中会遇到“所以说”“因此”等词的指引，会是结论出现的地方。

12.3 角色定位：多重身份的思维转换

20 世纪兴起的管理角色学派主张以公司管理者所担任的角色为出发点，分析管理者在组织中的行为。亨利·明茨伯格的代表作《管理工作的本质》中揭示了管理者的三大类角色：人际角色、信息角色、决策角色，并进一步将管理者的角色分为发言者、联络者、资源分配者、故障排除者等 10 种角色。

从经济学分析视角出发，管理者所担任的角色可以划分为微观组织层面以及宏观个体层面，微观个体层面的角色是基于个体理性的经济人角色，宏观组织层面从集体理性的角色赋予管理者作为经理人、政治人和社会人的角色。HR 在组织中的角色可以看作是从微观个体层面来分析。美国密歇根大学罗斯商学院教授戴维·尤里奇提出了“人力资源四角色模型”，明确了企业的人力资源管理职能分为四种类型，即推动战略执行、助推组织变革、提升 HR 职能效率、打造敬业员工队伍，这四种类型对应人力资源部门的 4 种角色，即战略伙伴、变革推动者、行政管理专家和员工代言人。

战略伙伴角色主要负责人力资源战略的规划、调整与直接管理者建立战略伙伴关系，HR 在公司战略制定和实施中的角色不可替代：在公司的战略制定环节，需要 HR 积极参与，主动提前做好专业工作；在战略实施环节，通过合理制订激励政策及绩效管理，发挥员工的热情和潜能，提升整个组织的绩效。变革推动者角色主要负责人力资源内部的诊断与咨询、组织发展、知识管理、人力资源配置，HR 知道如何产生有助于经营成功的变革，把内部的组织变革与外部的客户期望联系起来，把以客户为导向的公司战略变为现实。行政管理专家角色主要负责设计和执行有效的人力资源管理制度，属于人力资源部常规的人事工作，其核心是如何通过信息技术、共享服务、外包等方法，确保人力资源管理制度在组织内部有效的执行，体现人力资源工作的可信度和专业度。员工代言人角色一方面要求 HR 懂得员工的心声，积极向组织反映员工的想法；另一方面要求 HR 掌握人才管理理论和实践的经验，确保现在与未来的人才计划。

HR 以上的角色扮演都要求其跨越部门的边界与其他部门开展互动活动，随着内部管理的日趋动态化，组织任务的复杂化，需要推动 HR 的四种角色有效实施，HR 作为边界管理者的角色就起着十分重要的作用。通常，HR 在战略伙伴、变革推动者、员工代言人这三个角色当中，进行的部门边界管理活动是由 HR 经理与其他部门的负责人组成的关系网络，由 HR 经理牵头或是主导完成相应的人力资源活动。有的组织当中，这个“牵头”的职位是正式任命的，比如成立“组织变革小组”，HR 经理作为小组长，赋予其权利和责任，有规定的沟通机制；而有的是非正式任命的职位，只是实际参与到边界管理的活动当中，这种活动在个人日常互动中形成，参与的成员依靠自我积极的互动来进行跨部门行为。

HR 担任跨部门协作的边界管理者，首先，需要具备良好的人际关系网络，其在跨部门关系中的“心理地位”也决定了团队间的协作、沟通和解决冲突，如果其重要性在跨部门的协作中没有得到重视，推行的组织活动也会失败。所以 HR 一方面争取各部门经理的配合，另一方面也需要得到老板的支持。其次，基于有限理性假设，并非所有的 HR 都能完全理解并表达出相关的内容，由于对所理解信息的偏差，在跨部门的互动中导致传达的内容扭曲而得不到支持。HR 最常遇见的一个问题莫过于“价值观的推行”，有些老板会要求必须自上而下导入公司文化，有时花费了很大的力气做宣传、做标语，结果治标不治本，从上到下都不满意，认为是在走形式，敷衍了事。

所以 HR 需要理解推行价值观的意义及怎么去推行才是有效的，并结合所在公司的实际情况提出一个可持续性的方案，才有可能让推动的结果具有意义。

再次，HR 自身工作负荷过重，推动工作复杂程度和“赶时间进度”的心理状态冲突，其表达的信息有效性也会降低，最终导致传递的内容质量也会大打折扣。举个感同身受的例子，当时我刚进入零售行业的时候，常常自嘲为“6 点下班后夜生活才刚刚开始”，漫漫加班夜，最难忘的一次是在公司工作了一夜，第二天接着正常上班。那段时间让我觉得工作是“机械运动”，做什么工作都认为是在抢时间，自己都还没有消化吸收，跨部门推进时更是匆匆了事，完成的结果也是“浮在表面上”——看似做了，实则无效。

最后，HR 在与不同部门互动时，包括表达不同意见、平衡不同的利益得失，以实现其角色定位，但由于每个人的立场、期望、文化和自身的独特性问题，造成了彼此间的角色冲突，有时还可能造成关系处理不得当，而损坏了组织的有效性。HR 要提出跨部门角色定位和责任的明确化，从组织层面平衡跨部门的资源分配，缓和双方的角色冲突。

12.4 用心观察：提升对人的敏感度

职场是一张由人际关系组成的网，有的人对别人说话礼貌客气，每一句话都听着顺耳，但似乎都在重复别人的意思，当问及他的想法时，却是闷声不肯表达，而一再强调赞同别人的意见。虽然表面上让人感觉挺好相处，但总是感觉很难走进他的心里。有的人对别人是“真敢说”，经常“纠正”别人的说法，总是感觉全世界的道理都在他手上，还特别容易情绪化，一会儿对别人不理不睬，一会儿又是对他人各种指责。

上面文字中描述的两类人物，可以用《高效能人士的七个习惯》中的自传式回应来解释，即他们都认为自己的沟通能力还不错，总是根据自己的判断或经验表达观点，反而造成了在沟通中的障碍。不由自主地自传式回应是一种无意识的习惯，想到哪儿说到哪儿，容易让别人产生误会，也让别人感到不可理解。自传式回应的倾向有四种：价值判断——对旁人的意见只有接受或不接受；追根究底——依据自己的价值观探查别人的隐私；好为人师——以自己的经验提供忠告；自以为是——根据自己的行为与动机衡量别人的行为与动机。

当然，职场中人人都不可避免地会出现先入为主的现象，特别是自诩以“过来人”的身份去情不自禁地指教，仿佛中了魔障一样不能自拔。所以，为了人际关系和谐相处，当自己又滥用自传式回应时，可以有意识地开启自己的人际敏感程序。心理敏感度是由个体的经历和体验决定的，俗话说“仁者见仁，智者见智”。多次在与他人的互动中而产生的安全感、理解力，喜欢与厌恶的体验下，察言观色、反思自己、保持警惕也就成为了习惯，习惯一旦固化下来，遇到相同的情境时，就知道内省，也就具有了人际敏感的意识。

人际敏感可从对自己、他人和群体三个层次去分析。首先，在自己的层面上，一方面敏感性可以提醒我们向内看，通过不断的观察和审视自己的内心，时刻感受自我情绪的变化，自觉和客观发现自己的长处和不足。举例来说，处理员工纠纷是 HR 的一项专业本领，有时跟公司产生纠纷的员工态度不友好，虽然员工纠纷的对象不是 HR 本人，但坏情绪的接收者却是 HR。如果 HR 也不能够在自我认知的基础上主动自我调节，时刻提醒自己对事不对人，在感受到自己内心波动的时候能提前避免，也就不容易让情绪受到影响，从而防止站在员工的对立面上，这样才有可能更好地处理员工关系。另一方面，敏感性能让我们了解自己的期望是什么，遵从内心的追求目标，提升自我激励的能力，自我激励才能更持久。

其次，在他人的层面上，敏锐地感知他人的情绪和需求，了解他人的感受，能够顺利地与他人开展交流，也是团队协作的基础。HR 在日常沟通当中，处理人际关系的问题不可避免，敏感性能够让 HR 提前识别他人的情绪，保持自我和他人的心理适应和平衡；同时通过细节洞察到他人的能力变化和发展潜力，给不同的员工创造适合其发展的机会，是公司人才开发和建设的基础。一个专业的 HR 不仅对员工的性格特质敏感，也对员工的情绪情感敏感。人际敏感性帮助 HR 成为一个人优秀的管理者。最后，在群体的层面上，保持人际敏感性能觉察出群体的情绪倾向及力量关系，更好地提升团队凝聚力和协作力。举个例子，因公司发展的原因及市场经理的离职，市场部合并入销售部，原市场经理是跟部门打成一片的类型，销售部经理一向被称为“铁老虎”以非常严而著称，两个经理的管理风格相差较大，且以前两个部门配合时就有点小磨擦，所以市场部的人员难免有“观望”的心态，这里 HR 就需要及时了解到这些信息，在部门合并时要保持高的敏感度，一是合并的方案，包括合并形式、时间、如何宣布、由谁来公布等需要筹划，二是市场部人员的心结需要打开，需要 HR 持续做好双方的互动沟通，帮助销售经理顺利接管市场部。

有的 HR 可能认为自己不属于人际敏感型的人，可能很多事情处于后知后觉的状态，人际敏感性是心理过程的重要组成部分。心理过程包括认知过程、情感过程、意志过程以及行为过程，认知过程是人认识客观世界的活动中所表现的各种心理现象。情感过程是指人认识客观事物时所产生的各种心理体验过程。意志过程是指人们为实现奋斗目标，努力克服困难、完成任务的过程，行为过程是指意志过程中产生的行为。据相关调查研究表明，如果个体这四个过程发展得比较完善，那么高人际敏感性个体既可以处理好自己的问题，也可以帮助他人积极的应对外界的变化。而低人际敏感性会让个体减少烦恼，不会气馁，处在“关注事情”的自我层面，但缺乏理解他人情绪的能力，与他人相处不够善解人意。如果个体这四个过程发展不完善，高人际敏感性让个体敏感又多疑，而低敏感性会让个体既未处理好自我层面的同时，也觉察不到外界的变化，处于两难境地——无法把握时机也不能把事情做好。所以提高人际敏感度一方面要注重修炼自我完善的内功，另一方面要不断体验尝试。

12.5 深入分析：探析行为背后的心理

员工日常行为背后隐藏着隐形动机，每种行为的产生原因都很多，无论是好的行为或是不好的行为，我们都需要从不同角度更深层次地加以了解。

下面列举职场上 HR 常遇到的行为表象进行阐述说明。

我们在职场上，可能会遇到的一类人，他们做事看似“精明”，强项是善于揣摩领导的心意，擅长做表面文章——轻闲留给自己，干活推给他人。

只要领导来了，早请示晚汇报，冲在前面大声吆喝卖力干；一旦领导不在跟前，立马变了一副嘴脸，哪里舒服往哪里钻。这类人带给别人的是一种负能量、坏影响，总是以自我利益为出发点，属于典型的“老油条作风”。

站在个人的角度，我们会认为此人完全不可救药，破坏组织的和谐氛围，会对他人产生不良影响，需要清理出组织。产生这种情况可以从两个方面进行分析：一是从价值观层面，这是招聘应该解决的问题。价值观影响员工的工作态度和行为，要了解员工的价值观与公司的价值观是否匹配。如果员工与公司的“三观”一致，在实际工作中的目标差异和分歧会缩小，有利于抑制产生投机行为。所以要求 HR 在招聘面试上运用测评、背景调查等专业工具筛选符合公司要求的人。作为员工的上级也有责任重视其利益诉求与组织目标一致性的问题，解决上下级之间信息不对称的问题，促进员工与组织一起发展。二是从组织层面，解决选人的问题，员工如果仍出现敷衍了事的行为，需要从组织的层面上分析。首先，组织与员工的目标既有共同点，也有不同的利益诉求，组织雇佣员工时，就可能会存在经济学中的道德风险问题，即组织不能观察到员工的所有行为，而员工为了维护自己的立场或是利益而做出有损于组织的行为。其次，组织的利润与员工工资容易产生冲突，公司作为营利性组织，利润最大化是其战略目标；而工资是员工的主要经济来源，是其追求的优先目标，而组织则希望尽可能地减少人工成本的支出。最后，组织的管理控制与员工的主动参与需求之间产生冲突，员工总是被动地接受工作安排，也是导致员工产生破坏性的因素之一。而另一类人的行为表现却恰恰相反，积极帮助同事，主动承担额外的工作，对同事的工作表示赞赏，甚至连微信朋友圈点赞都是积极主动的，这类人带给别人的感觉是正能量。这类兢兢业业的行为应该被支持。美国印第安那大学 Demnis Organ 教授及其同事提出了组织公民行为这个概念，组织公民行为应由五个因素组成，分别是利他行为、尽职行为、运动家精神、谦恭有礼和公民道德。但并非所有的组织公民行为都是出于自愿回报组织和个体的积极情感，相当一部分组织公民行为是出于利己动机。其内容主要包括：

◆ 升职加薪前的表演。

由于近因效应的影响，个体总是对近期的事件记忆深刻，所以一些投机者会在升职、加薪的关键时期表现出较多的组织公民行为，即有选择性地努力工作，急功近利的心态，一旦获得升职、加薪后，就马上减少工作投入状态。

◆ 组织中地位的压力。

为了表现对所在岗位的忠诚度，以及迎合管理者对敬业度的要求，不得不接受不合理的要求，比如“被加班”“被加工作量”等而表现出的努力工作状态。

◆ 业绩不佳的伪装者。

有的员工能力不足，工作业绩低下，为了找到自我价值和存在感，不断通过边缘化的工作来遮掩自己的不足，以获得在组织中的安全感和认可度，而表现出的勤快、努力的一面。比如，我们常听说的某人虽然业绩不行，但是态度还可以，经常让干嘛干嘛，上次自告奋勇在节假日加班。

员工试图通过表现组织公民行为来操作自己在他人眼中的好形象，其本质是为了获得自己的“好名声”“好荣誉”。近几年在跟一些管理者的沟通中，也会听到这样的说法：“不管员工心里怎么想，只要行为上符合公司倡导的就行了”，殊不知这样会导致员工压力增加，组织变成了一个“争宠表现”的场所，慢慢地踏实做事的员工留不下来，都是揣摩逢迎的员工，组织的工作效率和业务绩效也会下降，甚至将错误的人放在重要的位置上，给组织带来巨大的伤害。

“言之易，行之难”。HR 在实际工作中要不断地提高自身从现象看本质的能力，为管理提供清晰的启示和思路，职位评估与绩效考核等多种管理技能并行，识别出具有投机行为的组织公民行为，将真正的核心人才放置到岗位适合的位置上，真正实现奖励公司有贡献价值的员工。

12.6 持续学习：掌握心理学的益处

最初计划学习心理学是源于对工作的帮助，自从我有幸到全国一流的高校学习了《应用心理学》后，朋友看我的眼光都有点不同了——忽然之间我在他们眼中变得神秘起来。已相识的老朋友见面时会问我："你是不是能一眼看穿我了？"见面寒暄没几句，又接着问我："现在你总该知道我在想什么了吧？"这样的聊天看来无法继续了，因为我对你的想法已心知肚明，你尽在我的掌控中……言归正传，系统地学习了心理学的专业知识之后，我以之前的经验去理解心理学知识；我用之后的实践去验证专业心理学知识。理论知识提升我的思考维度，实战经验丰富我对理论的理解，我会更多地体验自己的心理过程，理解别人行为背后的内在动机。

具体来说，在人力资源管理工作中，不同的心理学效应让我保持相对客观的角度去认知问题。比如，首因效应，改变了我在招聘时的"直觉判断"，曾经我还很引以为豪地对下属说，我面试时预测应聘者可能出现的问题，之后都"奇迹般的"发生了，我的"直觉判断"还是挺准确的。其实我的那些"感觉"都是对应聘者主观偏见的看法，形成了我对应聘者的定势认知，影响我对应聘者入职后的评价。心理学的各种测评工具，可以有效地对应聘者的工作态度、心理素质等进行评估，比如霍兰德职业测评、大五人格等应聘者的职业倾向、性格、素质等更深层次的了解，观察到其性格特质"冰山下"的真实情况，方能对未来员工的表现和发展做出准确的预测。

心理学所提供的知识、原理和方法会让人力资源管理更人性化、科学化和合理化。员工在工作中有时会表现出心理活动和行为表现不一致，行为表现可以用规章制度等加以规范，但心理活动却很难掌控。有的组织没有给员工提供职业发展的平台，员工和公司就是纯粹的雇佣关系，我付出劳动换取对等的价值，而能力提升、职业发展是员工自己需要解决的问题，心理需求的满足感、职业成就感也是需要自己调整内心感受。我也有过这样的经历，经常只能对内给自己施压，在工作中经常感觉孤助，在白天工作时不停往前冲，有时感觉不到工作的方向，在晚上休息时就会焦虑，思考这样的付出值不值得。许多的情绪积压下来，在不断发生冲突，得不到缓解的时候第一个反应就是逃离，也许换个环境会好一些。

有了自己在工作中的内心感受，学习心理学知识之后让我更懂得了，人力资源管理者应该围绕员工的“心”做管理：从心理契约的养护和心理资本的开发，塑造组织与员工的精神世界。心理契约是公司和员工之间的彼此期望和相互承诺，是员工和组织所共有的一种信念；而心理资本是组织获得竞争优势的重要内容，注重员工心理特质和心理状态的开发，才能激活员工的潜在能力。听起来可能有点虚，实实在在做起来效果就不一样。

具体来说，我在与员工沟通、制度设计、薪酬调整等人力资源工作时，工作重点从“人的管理”向“以人为本”转移。“以人为本”不是挂在嘴边、写在墙上的，而是体现在人力资源管理的细节中，比如薪酬调整，人性化体现在员工之间比较是否公平，员工职位相同的张三、李四相比，工作表现如何，薪资调整结果如何？与去年比较是否公平？员工的工作结果、工作职责是否有变化？员工的期望薪资在什么范围？员工在市场上的工资水平如何？如何与员工沟通薪资调整结果？员工薪资调整后的工作状态怎么样？作为人力资源管理者的我们“用心”才能对员工“懂心”。

从个人生活层面来看，学习心理学让我了解自己的特性，认清自己的局限性，在工作中擅长做什么或不擅长做什么。让我接纳自己的不完美，以及与自己的和解，理性地看待原生家庭对我的塑造，以及自己过往经验的影响。面对自己的时候，我也经常反思我的问题，爱笑、爱闹或是情绪化是基因的遗传还是环境的作用。有一些记忆深处的回忆，当时不知道对我意味着什么，学习心理学之后才发现其中的奥妙。

二十几岁乘火车回家，十七八个小时的火车，站在人山人海的车厢，我突出重围去补个卧铺，尽管卧铺补票的是僧多粥少，但我依然乐呵呵，连补票的列车员都打趣道：你都不知道能不能补到票，还像个快乐的小孩儿一样！他说换成他都做不到。

从小我对机械类的东西就不感兴趣，学开车成了我的一大难题。在家人的鼓励下我顺利拿到了驾照，但开车只停留在理论的阶段。平常不怎么开车的我在回家的高速路上开了一段，看到身边飞驰而过的私家车，我也加足马力跑起来，以 120 公里的时速跑到了 200 公里之外，开这么快的车速我之前想也不敢想。

我是喜欢与人沟通的，有时也会跟别人“抬杠”，也有恼火的时候，我会很生气地认为对方不可理喻。记得之前的部门会议中，有下级说我讲得太细了，重复着说了同样的问题，而且也浪费时间。我几乎是脱口而出“不讲细点你们能记得住吗？”

对这几件往事的追忆，我会从过去的情境中了解自己。火车上的补铺经历，让我了解到自己不仅是有乐观的态度，还有在困难面前坚韧的一面，这是我性格特质的优势，我要把坚韧的品格融入每个小事情上，持之以恒的打破自己的心理舒适期，追求更丰富的自我。高速开车的经历确实让我看到了自己的另一面——接受新事物的能力，我一直认为我在接受新的挑战时缺乏勇气，而且这个心结跟了我很多年，我从开快车的行动中领悟到，事情远没有你想象的困难，很多的恐惧来自自己的内心，咬紧牙关紧盯目标，可以突破自己的局限性。虽然我在遇到其他的挑战时，也还会出现这样的情况，但我会有意识地调整，以高速开车的经历激励自己，让我鼓起勇气去面对。在与人沟通方面，“心直口快”是思考不够，或是没有思考的表现。

愿意与人抬杠是在心里默认了自己是正确的，别人的回答不符合我预设的答案时，我就会认为对方错了。知道原因之后，我恍然大悟，原来所谓的坚持到底，其实可能是蛮不讲理。之后与别人的沟通交流，我会关注对方希望表达的内容是什么，他表达的原因是什么，动机是什么，希望达到怎样的结果？而不是由我对他人的表达内容做出评判，在坚持了一段时间之后，我发现我的情绪平和了很多，也更能推动与对方的沟通。

朱熹说，“读书有三到，谓心到，眼到，口到”。只有坚持“学”与“思”相结合，才能达到更高的境界。

参考文献

[1] 谢礼珊等 . 顾客不公平与员工情感性劳动关系研究 - 换位思考能力和负面情感的作用 [J]. 管理学报 .2011, 8(5):720-726.

[2] 卢虹 . 企业员工自我效能感培养关键问题探讨 [J]. 商场现代化 .2018, (16):63-64.

[3] 陈涛 . 现代人力资源管理中的心理学问题 [J]. 现代商业 , 2015, (21):105-107.

[4] 林惠琴 . 我们应该如何思考 : 基于克里那穆提《学会思考》的理论 [J]. 兵团教育学院学报 , 2018, 28(5):17-18.

[5] 大为咨询 . 组织中的情绪感染理论 . 人力资源管理 , 2010, (46)1209:17-21.

[6] 杨露 , 高凯 . 情绪管理在人力资源管理中的调研分析 [J]. 改革与开放 , 2017, (15):154-156.

[7] 徐宏玲 , 童峰 . 离职面谈的系统设计及应用 [J]. 中国劳动 , 2012, (06):50-52.

[8] 杨伟 , 刘益 , 杨倩 . 竞争性、合作性薪酬结构对组织成员间知识共享的影响研究——个体特性的调节作用 .[J] 科学学与科学技术管理 , 2009, (12):113-147.

[9] 王成 , 谭林丽 . 效率工资视角下薪酬外部竞争性研究 [J]. 商业时代 . 2012, (24):107.

[10] 常慧霞 . 基于组织承诺的企业核心员工薪酬激励模式研究 [D]. 内蒙古财经大学 . 2016.

[11] 陈浩 . 雨伞模型 : 关于企业员工加薪心理预期形成机理的模型 [D]. 兰州大学 .

[12] 单文婷 . 企业员工加薪价值观量表开发研究 [D]. 兰州大学 . 2018, 2.

[13] 蒋莉 . 浅谈博弈在薪酬谈判中的应用 [J]. 才智 , 2020, (24):305.

[14] 向舟 , 邱畅 . 培训预算设计及相关问题分析 [J]. 当代经理人 . 2006, (21):251.

[15] 张军伟等 . 心理预算的产生过程与影响因素 [J] 心理研究 . 2011, 4(6):3-9.

[16] 李颖 . 基于情境认知的企业 E-Learining 课件教学设计研究 : 以 S 公司有效提问课程为例 [D]. 河南大学 . 2013, 21.

[17] 王莉 . 如何让培训课程更有吸引力 [J]. 农业发展与金融 . 2015, (9):88-89.

[18] 朱晓玲 . 需要理论视角下的知识型员工培训 [J]. 人力资源管理 , 2015, (04):68.

[19] 聂茂娟 . 职业培训产品顾客满意度影响因素研究 [D]. 西南财经大学 . 2008.

[20] 蔡小葵 . 基于自我认知能力提升的职业生涯规划模式研究 . 湖南科技学院报 . 2014, 35(12):170-172.

[21] 席静等 . 在信息过载时代如何保有批判性思维 [J]. 农家参谋 , 2018, (17):224.

[22] 班博 . 基于多重角色模型的人力资源部门绩效评价体系研究 [J]. 中国流通经济 , 2009, (7):71-73.

[23] 朱学红等 , 组织中的边界管理者 : 角色扮演与角色冲突 [J]. 企业管理 . 2015, (12):117-119.

[24] 王旭东 . 企业员工的情商管理及培养 [J]. 河北企业 . 2018, (7):122-123.

[25] 白丽英等 . 提高情商的关键因素 : 自我完善与敏感共情 [J]. 福州大学学报 (哲学社会科学版). 2014(4):63-67.